삶이 내게 묻는 것들

삶이 내게 묻는 것들

보현 지음

쌤앤파커스

인간 세상 한평생 살자 하더니
한순간의 지나온 바람 같구려
서산마루 낙조처럼 저무는 목숨
허망하고 허망하여 눈 아니 감네
엉겨 버린 실타래 윤회의 업보
인간사의 인연은 끝이 없나니
죽음으로 못 떠나고 다시 태어나
인간 세상 태어나며 우는 아가야.

제가 가수 시절에 부른 노래 '실타래' 가사입니다. 소설 같은 인
생이라고 하더니 제 삶이 꼭 한 편의 소설 같습니다. 그러고 보
니 지금껏 살아온 날들이 꿈결 같고 바람 같습니다.

어느 날 불현듯 '내가 가야 할 길이 바로 이 길이구나.'

우여곡절이 많았지만 전생에 선근공덕을 많이 쌓았는지 문득
불문(佛門)에 들어야겠다고 결심했습니다. 부처님의 가르침은 힘
든 저를 살리는 생명수였습니다.

오래전 세상을 떠들썩하게 해놓고 갑자기 사라진 제가 다시 사람들 앞에 얼굴을 드러내자 모두 의외의 표정을 지었습니다. 하지만 제게 있어서 출가는 최선의 길이었고, 지금 뒤돌아보아도 최고의 선택이었기에 한 치의 부끄러움이나 후회가 없습니다.

세월은 유수와 같아서 어느덧 삼십여 년이라는 시간이 지났지만 여전히 세상은 시끄럽고 사람들은 아직도 자신이 갈 길을 찾지 못해서 헤매고 있습니다. 마치 제가 젊은 시절에 방황했던 것처럼 말입니다.

저는 지금 부처님의 가르침에 푹 빠져 있습니다.

일체유위법 (一切有爲法)
여몽환포영 (如夢幻泡影)
일체의 모든 법은 마치 꿈과 같고,
물거품 같고, 그림자와 같다.

『금강경』에 있는 구절입니다. 어쩌면 이 가르침은 인생을 대변해주고 있어 세상에 들려주고 싶은 저의 간절한 심정인지도 모릅니다. 그렇습니다. 돌아보니 지난 삼십여 년의 세월이 저에게는 마치 한낮의 꿈 같고, 사라진 물거품이며 지나간 그림자인 듯합니다.

부처님의 가르침은 여기에만 그치지 않습니다. 인생을 두고

'세상의 모든 존재는 머물러 있지 않고 항상 변한다'고 하셨습니다. 이를 두고 '제행무상(諸行無相)'이라고 하지요. 지금의 저를 보니 부처님의 가르침 그대로입니다.

다시 글을 씁니다. 제가 가진 생각을 세상에 전하기 위해 그간 꾸준히 글을 써 왔습니다. 과거의 연예인 '이경미'가 아니라 이제는 비구니 '보현'으로서 부처님의 가르침을 세상에 전하고 포교를 위해 글을 씁니다. 모든 것을 내려놓고 비우고 버리기 위해 날마다 기도하며 글을 쓰고 있습니다. 과거의 이경미는 떠나고 없습니다. 지금은 오직 부처님의 제자인 비구니 보현만이 자리하고 있을 뿐입니다.

힘들어 하지 마세요. 아무리 세상이 살기 어렵고 고통스럽다고 해도 행복의 실마리는 여전히 그 번뇌 가운데 있으며 세상사 해결하지 못할 일은 하나도 없습니다. 다만 우리가 그 어려움을 풀 지혜가 없을 뿐입니다.

인간의 삶은 한 번 가면 그뿐입니다. 어떤 이는 인생을 의미 있게 살려고 노력하지만 어떤 이는 생각 없이 닥치는 대로 살아갑니다. 그 또한 내 삶인 걸 어쩌겠습니까? 바람직한 인생은 없다고 하지만 의미 있는 인생은 따로 있습니다.

제가 가야 할 길은 성불의 길입니다. 이토록 힘든 세상을 살아가는 모든 분들에게 도움이 되는 삶을 사는 것이 저의 소망입니다.

급히 서두르지 않아도 충분히 인생은 짧습니다. 그렇다고 허투루 세월을 보내서도 안 됩니다. 올 때는 영문을 모르고 왔고 갈 때도 이유를 모른 채 가겠지만, 이왕지사 왔다면 한 번쯤 인연 따라 살아보는 것도 괜찮습니다. 우리가 만나는 인연들은 한결같이 소중합니다. 그렇기에 너와 나의 존재는 따로 있지 않고 한 몸임을 명심해야 합니다.

지금 눈을 감고 자신에게 물어보세요.

"나는 행복한가? 나의 삶에 만족하는가? 나는 의미 있게 살고 있는가? 웃으면서 이 세상을 떠날 수 있는가?"

2019년 8월
여름꽃 흩날리는 북한산 밑 평창동
보현 쓰다

차례

3부

내려놓고 비우고 버려야 행복해진다

4부

세상은 아름다운 연꽃이다

5부

작은 씨앗이 큰 나무가 된다

| 1부 |

가수를 버리고
중이 되다

지난 21년 동안 곱게 길러온
까만 머리카락이 바람에 흩날렸다.
"오늘부터 너의 법명은 보현(普賢)이니라."

버리고 나선 길

눈 내리는 겨울만 되면 출가했던 그 날이 어김없이 떠오르곤 한다. 그 기억은 강산이 무려 네 번이나 바뀐 지금까지도 뇌리에 남아 쉽게 사라지지 않는다. 무슨 이유 때문일까.

하지만 돌이켜 보면 결국은 이 모든 것이 부처님의 제자가 되기 위한 '불연(佛緣)'의 과정이었음을 인정하지 않을 수 없다. 그렇다. 모든 것은 운명이었다.

1983년 겨울, 명절인 설을 앞두고 불현듯 지리산 가까이에 있는 전라도 구례행 열차에 몸을 실었다. 그때 나는 겨우 스물한 살이었다. 그 어린 나이에 내가 과감히 출가를 감행했던 것은 시시때때로 몰려오는 눈사태 같은 절망과 가슴을 에는 아픔을 견디어 낼 수 없었기 때문이다. 결국 나는 불가(佛家)의 길을 선택했다.

가정형편이 불우했던 어린 시절이었지만 나는 여느 평범한 여자아이들처럼 꿈이 많았고 노래를 썩 잘 부르는 소녀였다. 당시 가까운 친구의 아버지가 유명한 작곡가로 활동하고 있었는데 재미 삼아 그분 앞에서 노래를 불렀던 것이 계기가 되어 뜻하지 않게 가수로 데뷔했다. 우연치고는 꽤 큰 행운이었다. 하지만 기쁨은 잠시뿐이었다. 나는 냉혹한 연예계의 현실 한복판에 서야 했던 것이다. 연예인이라는 화려한 직업의 세계에 암운처럼 드리운 음모, 밤무대의 현란한 사이키 조명과 넋을 잃게 만들었던 팬들의 환호성, 안가(安家)에서의 비밀스러운 부름. 그 모든 것들이 한꺼번에 몰아친 광풍 같았다. 그로 인해 두 번의 출가와 환속이 반복되었다.

나는 마침내, 어느 겨울 아침. 불가에 완전한 귀의를 결심했다.

지리산 구례 칠불사로 오르는 산길에는 하염없이 눈이 내리고 있었다. 얼마나 눈을 헤치며 걸었을까. 이마에 맺힌 땀이 찬바람에 얼음꽃이 되었다. 더 이상 발을 앞으로 뻗을 수 없었다. 무릎부터 발끝까지 감각이 없었다. 발가락이 붙어 있는지조차 확신할 수 없었다. 문제는 신발이었다. 뒷굽의 높이가 족히 6센

티미터 이상이나 되는 하이힐을 신고 산길을 오른다는 것 자체가 무리였다. 하지만 나는 주저앉을 수 없었다. 화려한 연예계의 스포트라이트를 뒤로 하고 굳이 이 험한 산길을 택할 수밖에 없었던 이유가 있었기 때문이다. 나는 왜 기필코 이 길을 올라야만 하는가.

"이경미 가수님, 내일 설맞이 녹화방송이 있으니 2시까지 꼭 오세요."

PD의 목소리가 아직까지 귀에 생생하다.

이른 아침, 나는 오후에 있을 방송녹화를 위해 거울 앞에서 화장을 하던 중이었다. 그러다가 문득 거울 속의 나를 뚫어지게 바라보았다. 한 낯선 여자가 마주 앉아 나를 뚫어지게 응시하고 있었다. 나는 더 이상 내가 아니었다. 또 다른 이경미가 울고 있었던 것이다. 나는 주체할 수 없는 눈물로 얼룩진 화장을 다 지워버렸다.

잠시 후 차를 대기하고 기다리던 매니저가 찾아왔다. 나는 혼자 이동하겠다고 말한 뒤 지난날 출가를 위해 입었던 승복과 여벌의 옷을 주섬주섬 챙긴 후 곧장 길을 나섰다. 발길은 방송국이 아닌 서울역을 향하고 있었다. 하염없이 눈물이 흘렀다.

'그래 떠나자. 내 길은 가수가 아니라 중이 되는 것이다.'

언젠가 한 번 가보았던 지리산 구례의 한 사찰에 계신 해성 큰스님이 떠올랐다. 그 순간 나는 모든 인연의 굴레에서 벗어나는 길만이 온전히 내가 사는 길임을 깨달았다. 열차 안 화장실에서 원피스를 벗고 승복을 입었다. 삭발하지 않은 머리에 승복이라니. 거울에 비친 내 모습이 한없이 우스꽝스러웠다. 기차는 빠른 속도로 지리산 구례를 향해 달렸다.

"그래, 마음이 힘들거든 다시 오너라."

예전에 출가를 결심하고 삭발한 뒤 불과 한 달을 견디지 못하고 다시 산을 내려갔을 때 큰스님은 이런 말을 했었다. 그 말의 끝에는 어쩌면 다시 내가 산속으로 돌아올 것이라는 모종의 암시가 담겨있었다.

'맞아. 중이 될 사람은 결국 중이 된다.'

나의 발길은 구례를 지나 지리산 자락을 향해 터벅터벅 가고 있었다. 걸을 때마다 하이힐의 뒷굽이 눈밭에 꽂혔다. 젖은 눈이 발목을 휘감았다. 눈 쌓인 산길을 오르는 것도 고행이었다. 하지만 그럴 수 없이 마음이 편안했다. 그렇다. 가수 이경미로 사는 동안 나의 존재는 그 어디에도 없었으며 나는 한갓 더러운 욕망의 노예였을 뿐이다.

지리산을 오르는 동안 가슴 한구석이 내내 쓰라렸다.

"이제 불제자로 사는 거야. 경미야." 스스로를 향한 목소리가 더 크게 들려왔다. 한참이 지난 후 돌아보니 그때 나로 인한 파장은 엄청났다. 방송국과 우리 집에 몰아닥친 충격은 예상보다 컸다. 세상은 미모의 여가수가 갑자기 사라진 것에 대해 당혹스러워 했고 언론에서는 추측성 보도와 기사가 들끓었다. 심지어는 납치설까지 불거져 나왔다. 예견된 일이었지만 그 정도일 거라고는 상상하지 못했다. 나란 여자는 그렇게 제멋대로였던 것이다. 찬찬히 주변을 정리하고 신중하게 결정을 내릴 만큼 충분한 시간이 있었음에도 그러지 못했다. 내 마음을 다스릴 만한 여유조차 없이 도발을 강행했던 것이다. 그러니 모든 일이 걷잡을 수 없는 파국으로 치달은 것은 어찌 보면 당연한 일이었다.

유난히 눈이 많이 내린 날이었다. 지리산은 온통 새하얀 눈에 뒤덮여 눈부신 설산의 자태를 드러내고 있었다. 단 한 순간도 눈은 멈출 기미를 보이지 않았다. 나는 서서히 두려운 마음이 들었다. 내 발자국은 내리는 눈으로 인해 이내 지워지고 산사를 향해 난 길도 파묻혀 앞이 보이지 않았다. 가도 가도 절은 좀체 나타나지 않았다. 골짜기를 오를 즈음 발을 헛디뎌 그만 비탈을 나뒹굴고 말았다. 순식간에 일어난 일이었다. 나뭇가지 하나 붙잡을 겨를도 없이 눈밭 위를 데굴데굴 굴렀다. 그 와중에 나뭇가지에 얼굴이 긁혔는지 목덜미로 피가 흘러내렸다. 발목에서 심한 통증이 느껴졌다. 그러자 문득 무서운 생각이 들었다. '이대로 죽는 것일까?' 몸이 점점 싸늘하게 식어가는 기분이었다. 나는 온 힘을 모아 나무 둥치를 붙들고 일어섰다. 그리고 부러진 나뭇가지 하나를 지팡이 삼아 다시 발을 옮기기 시작했다. 그때는 오직 살아야겠다는 생각뿐이었다.

얼마나 걸었을까? 멀리서 흐릿한 불빛 한 줄기가 보였다. 그토록 찾아 헤매던 칠불사였다. 순간 안도의 한숨을 내쉬었다. 그리고 간신히 산문 앞에 이르러 붙잡고 있던 의식을 놓아버렸다.

인연

마당에서 누군가 비질 하는 소리가 들렸다. 나는 따뜻한 온기로 가득 찬 방안에 누워있었다. 지난밤의 일들이 파편처럼 하나하나 기억의 수면 위로 떠올랐다. 엉성하게 맞추어진 퍼즐 같았다.

그런데 대체…… 이런 고요가 얼마 만인가. 어제까지의 고통스러운 시간이 마치 전생의 일인 양 아득하게 느껴졌다. 온몸이 욱신거렸지만 이상하게도 마음은 더없이 평온했다.

잠시 후 누군가가 방문을 열어젖혔다. 꽤 나이가 들어 보이는 여자였다. 나중에 알고 보니 그녀는 공양주보살이었다.

"이제야 정신이 드나 봅니다. 관세음보살……."

화들짝 놀라 내가 몸을 일으키려고 하자 여자는 극구 손사래를 치며 말렸다.

"아직 몸이 성치 않으니 그대로 누워 있어요."

"여기가 어디에요?"

"여긴 지리산 칠불사입니다. 그나저나 어린 여자분이 어찌 험한 산길을 올라 절 앞에 쓰러져 있었던 게요? 까딱했으면 큰일 치를 뻔했소. 내가 보았기에 망정이지."

"보살님, 고맙습니다."

말은 그렇게 하면서도 그냥 죽어버렸으면 더 좋았을지도 모른다는 몹쓸 생각이 스쳤다. 보살은 나를 측은하게 내려다보며 말했다.

"얼마나 힘들었는지 이틀 동안이나 쥐죽은 듯 잠들어 있었다오. 긴 얘기는 나중에 하기로 하고 우선 요기부터 합시다."

보살은 곧 엷게 쑨 죽과 삶은 감자 바구니를 들고 왔다. 그가 방문 안에 밀어 넣은 따스한 음식을 보자 다시 눈물이 쏟아졌다. 잠시 후 보살이 했던 말을 떠올리며 벽에 걸린 시계를 올려다보았다. 이틀이 지났다고 했다. 아마 지금 쯤 서울에서는 난리가 났을 게 틀림없었다. 나도 이미 자포자기 상태였다.

어릴 때 아버지는 병약한 나를 절에 맡기려고 했다. 그럴 때마다 어머니는 자기 자식 하나 제대로 거두지 못해서 절간에 보내려 한다고 아버지를 원망했다. 두 분이 심하게 다투는 소리를 들을 때마다 나는 언젠가는 절에 가야 할 운명이 될지도 모른다는 불길한 예감에 사로잡혔다. 그도 그럴 것이 아버지는 일곱 명이나 되는 처자식을 먹여 살릴 위인이 못되었다. 불가의 인연은 그 때 이미 정해져 있었을 것이다. 더욱이 나는 너무도 병약해서 수시로 아팠던 연약한 소녀였다.

잠시 후 비구니 스님이 들어왔다. 주지스님이었다. 그분은 나중에 나를 고해의 바다에서 건져내 주신 바로 그 은사스님이었다.

"그래, 몸은 어때요? 웬 젊은 처자가 험한 산길을 올라 여기까지 왔다는 얘기를 들었어요. 이틀씩이나 누워있었다고요."

방구들에서 뜨거운 기운이 올라와 몸이 노곤해졌다. 침을 맞은 듯 전신이 아프고 삭신이 저렸다. 그제서야 비로소 지난밤의 악몽이 떠올랐다. 추위보다 두려웠던 것은 어둠이었다. 적막한 사위를 뚫고 간간이 짐승의 울음소리가 들렸다. 희미하게나마 달빛이 없었다면 나는 완전히 길을 잃고 이튿날 싸늘한 주검이 되어 누워있었을 것이다.

산문 앞에 쓰러진 것은 그나마 축복이었다. 다시 다른 길을 선택하지 않으리라 마음먹었다. 나를 인도했던 그 길 또한 내게 다른 길을 허락지 않을 것이다.

"네, 예전에 와 보았던 절을 찾았는데 이곳은 아닌 것 같아요, 지난밤은 정말 무서웠어요."

"그래요. 특별히 그 절을 찾아가야 할 이유가 있나요? 안 그러면 하루 정도 더 쉬었다가 가세요."

나는 스님의 얼굴을 오랫동안 찬찬히 쳐다보았다. 이상하게도 언젠가 한 번 만난 것 같은 기시감이 느껴졌다. 스님은 어머니처럼 따뜻하고 평온한 인상이었다.

"다름이 아니오라 출가하고 싶어 예전에 한 번 왔던 절을 찾아가던 중이었습니다."

스님이 나를 빤히 쳐다보았다. 뜻밖의 말에 흠칫 놀라는 눈치였다.

"허허, 그래요. 짊어진 업이 많은가 보네. 나이도 아직 어려 보이는데 무슨 이유로 출가를 하려고 하나요?"

측은한 눈길이었다.

"그동안 너무나 힘들었습니다. 자세한 이야기는 나중에 하겠습니다."

한참 머뭇거리다가 스님은 다시 말을 이었다.

"출가란 부모님과 가족들과의 결별은 물론, 세상의 모든 인연들을 끊는 일인데 할 수 있겠어요? 다시 한번 더 생각해 보세요."

이틀이 지난 뒤 기운을 차리고 눈 쌓인 지리산을 둘러보았다. 눈꽃에 덮인 산은 희고 눈부셨다. 이런 곳에서 아무런 걱정 없이 살면 얼마나 좋을까? 무심코 그런 생각을 하던 찰나 주지스님과 눈이 마주쳤다.

"함께 산보나 할까요?"

"네, 스님 좋아요."

나는 신이 났다. 나를 괴롭히던 세속의 일들이 그 순간 눈 녹

듯 사라진 듯했다. 스님과 나는 보폭을 나란히 하며 숲속 오솔길을 걸었다. 먼저 지나간 짐승들의 발자국이 보였다. 산길은 고요했고 간혹 바람이 불어 나뭇가지 위에 얹힌 눈꽃들을 털어냈다.

"자기에 대해 이야기 해볼래요?"

"네에, 스님. 그런데 자기 이야기라니요?"

"이를테면 왜 스님이 되려고 하는지에 대해서 스스로 알아야 불제자가 되든 말든 할 것이 아닌가?"

나는 곰곰이 생각하다가 내가 왜 서울을 떠나 지리산의 절을 찾아왔는지, 그리고 왜 스님이 되려는지에 대해서 서슴없이 본론을 꺼내 놓았다. 스님은 내가 연예인이며 가수라는 말에 약간 놀라는 눈치였다.

"힘들었나 봐요. 그래 사람을 상대하는 일이 가장 힘든 일이지요. 그런 일로 출가를 결심하게 되었군요."

"네. 스님 저를 받아주실 거지요?"

"내가 받아주는 것이 아니라 부처님이 받아주셔야지요. 어디 오늘 저녁부터 법당의 부처님께 기도해보세요. 저를 제자로 받아달라고요."

그날 저녁, 하얀 눈꽃이 열어준 길을 따라서 나는 법당으로 올라갔다.

부처님이 화사한 미소로 나를 맞아주었다. 말없이 무릎을 꿇고 합장하면서 빌었다.

"부처님, 부디 저를 당신의 제자로 받아주세요."

삭발

다음 날 주지스님과 함께 설선당에 마주 앉았다.

"우리 차를 마시며 이야기를 시작해 볼까요?"

스님이 부젓가락으로 두어 번 화톳불을 휘젓더니 주전자를 그 위에 올려놓았다. 귓가에 물 끓는 소리가 정겹게 들려왔다. 지금 생각하면 그것은 정겨운 소리가 아닌 세속의 번뇌가 들끓는 소리였다.

"지리산은 공기도 맑고 바람도 좋고 풍경도 아름답지만, 무엇보다도 물이 맑아서 좋아요. 그 물로 끓이는 차의 맛은 더 없이 일품이지요."

스님이 다완(茶碗)을 가지고 와서 끓인 물을 부었다.

"커피가 마시고 싶어요."

"쯧쯧, 아직 세속의 입맛에 물들어 있군요. 산사에 왔으니 차를 한번 맛보세요. 지리산 차에는 특별한 맛이 있답니다."

다기를 손에 들고 입술에 차를 적셨다. 구수하면서 달콤한 맛이 혀와 목을 적셨다.

"어때요? 차 맛이?"

"좋아요."

스님이 나를 물끄러미 쳐다보았다.

"예쁜 얼굴입니다. 연예인이라고 했죠? 가수라고 했나요? 뭇 남성들의 마음을 많이 홀렸겠네."

그 말에 나는 가슴이 철렁 내려앉았다. 환호와 현란한 조명이 이내 눈앞을 스쳐 지나갔다.

"하하, 스님도 그런 말씀을 하시는군요. 맞습니다. 스님."

"그런데 출가하고자 하는 이유가 뭔가요?"

나는 스님의 눈을 바라보다가 고개를 푹 숙였다.

"그냥 세상이 힘들고 싫었습니다. 많은 사람들 앞에서 노래를 부르고 인기가 올라갈 때마다 두려움도 치솟았습니다. 그리고 저를 향해 손을 내미는 사람들이 모두 욕망에 찌든 사람들처럼 보였어요. 그래서 출가를 결심했습니다."

"어린 나이에 많은 것을 경험했군요. 그렇지만 그 속에서도 사람은 분명히 살아야 할 이유가 있지요. 어쨌든 이렇게 출가를 결심했으니 한 며칠 더 지내보고 결정하세요."

31

"네, 스님."

설선당을 빠져나왔다. 바람에 눈발이 날려 얼굴을 덮쳤다. 오
랜만에 느끼는 자유였다. 나는 두 팔을 하늘로 쭉 폈다. 마치 새
가 된 기분이었다. 그날부터 법당으로 올라가 기도를 했다. 부처
님이 염화미소(拈華微笑)로 나를 내려다보고 있는 것 같았다.

며칠 후, 스님이 다시 나를 불렀다. 출가를 할 것인가, 세속으
로 돌아갈 것인가? 선택해야 할 시간이었다. 설선당으로 걸음을
옮기면서 나는 마음을 굳게 다졌다.

'내가 눈밭에 주민등록증을 버리고 이곳까지 온 것은 출가 때
문이지 않은가. 돌아가지 말자.'

스님이 다관을 꺼내 놓고 고요히 앉아 있었다.

"그래. 결정을 했나요? 출가라는 것은 마음먹기에 달린 것이
아니라 법연(法緣)이 있어야 해요. 그러고 보니 자네는 부처님과
의 인연이 깊은 것 같네만…… 출가의 길은 힘들고 외로운 길이
네. 더구나 부모형제와 모든 인연을 끊는 길인데 쉽지만은 않을
걸세."

이제는 단호히 결정을 내려야만 했다.

"스님, 공부하다가 죽겠다는 마음으로 수행하면서 살겠습니
다."

스님은 내 두 손을 붙잡았다. 세상에서 가장 따뜻한 손, 부처님
의 손이었다.

"다시 말하지는 않겠네. 오늘부터 법당에 올라가서 삼천 배를 하게. 절을 하면서 오로지 석가모니불만 부르고 마음에 둔 부모 형제 친구들을 떠나보내고 홀로 참회의 시간을 보내도록 하게."

"네, 스님."

이튿날 새벽, 눈을 뜨자마자 나는 법당으로 올라가 절을 하기 시작했다. 한 배, 두 배. 세 배, 오백 배가 지나자 무릎이 깨질 듯 아프고 온몸이 저렸다. 평소에 안 하던 절을 하는 일은 쉽지 않았다. 일천 배를 마치자 종아리에 경련이 나고 하체의 근육이 팽팽하게 조여왔다. 순간 중심을 잃고 쓰러질 뻔했다. 하지만 여기서 멈출 수는 없었다. 마침내 삼천 배를 모두 마쳤을 때, 해가 중천에 떠 있었다. 몸은 지칠 대로 지치고 검불처럼 무력했다. 도무지 한 발짝도 움직일 수가 없었다. 그때 가슴으로부터 뜨거워진 무엇인가가 울컥 치솟아 터져 나왔다. 참회의 눈물이었다.

지금 생각하면, 그때만큼 충만하게 행복감을 느낀 적이 없다. 진심으로 온몸을 다해 절을 하는 동안 내 마음속에 이미 부처님이 들어와 있다는 기분이 들었다. 삼천 배는 바로 나에게 하는 기도였음을, 먼 세월이 지난 후에 알았다.

삼천 배를 끝내고 동시에 나는 법당에 쓰러졌다. 잠시 후 법당 문틈으로 겨울 햇살이 새어 들어와 나를 깨웠다. 스님의 목소리

가수를 버리고 중이 되다

가 들렸다.

"한꺼번에 하라는 것이 아닌데 어찌 이 무리를 하였는고."

하지만 그 말끝에는 대견스러움이 묻어 있었다.

"어서 가서, 공양하고 좀 쉬시게."

공양을 하는 둥 마는 둥, 나는 거의 초주검 상태가 되어 요사로 건너왔다. 그리고 다음 날 곧장 설선당을 향했다.

스님은 제대로 걷지도 못하는 나를 보고는 빙그레 미소를 지었다.

"허허, 노래하고 춤추는 것보다 힘들죠? 그래도 대단하네요. 다 비웠나요?"

"비우다니요?"

"아직도 말뜻을 못 알아듣는 걸 보니 절을 더 해야겠군요."

갑자기 명치 끝이 뜨끔했다. 그럼 내가 스님이 될 자격이 없다는 말인가.

"그동안 몸속에 깃든 세속의 욕망과 더러움, 그리고 부모형제 친구들을 삼천 배 하는 동안 다 버렸는가, 그 말일세. 허긴 중생의 습이 어디 가겠는가."

"잘못했습니다……."

나는 고개를 푹 숙였다.

"아직 때가 먼 것 같으니 더 생각해보세."

마음을 들켜버린 양 부끄러움에 서둘러 설선당을 빠져나왔다.

나는 아직도 세속의 습을 그대로 지니고 있었던 것이다.

그때 공양주보살이 방문을 빼꼼 열고서 주홍색 행자복을 던져 주었다.

"주지스님이 이젠 세속의 옷을 벗고서 행자복으로 갈아 입으라고 하셨어요. 어서 입으세요."

행자복을 입고 공양간으로 가서 저녁 공양 준비를 했다. 마냥 밥만 축낼 것도 아니고 어디 가서 땔감이라도 해 와야 했다. 지리산의 겨울나기를 위해서는 에너지원인 땔감이 필수였고 그동안 내가 축낸 땔감과 공양간을 채우기 위해선 일을 해야 했다.

일주일이 빠르게 흘러 성도재일 날이 되었다. 마침내 스님으로부터 출가 허락을 받았다. 내심 기뻤지만 차마 표현할 수는 없었다. 이제 나는 이경미가 아니라 중이 되었다.

진눈깨비가 흩날리는 산골짜기 작은 절 한 모퉁이에 있는 나무 의자에 앉아 삭발식이 시작되었다. 머리카락이 잘려나갔다. 길고 검은 머리카락이 나뭇가지 위에 머물다 떨어지던 눈꽃처럼 툭툭 떨어졌다. 21년 동안 곱게 길러온 흑갈색 머리카락들이 잠시 땅 위에 떨어졌다가 바람에 날아갔다.

"오늘부터 너의 법명은 보현(普賢)이니라."

대자유

불가(佛家)에서는 '백척간두진일보(百尺竿頭進一步)'라는 '선구(禪句)'가 있다. 이것은 '천 길 낭떠러지에서 한 발을 내딛게 되면 당장 아래로 떨어진다'는 내용이다. 그 당시 나는 그런 절박한 심정으로 지리산 칠불사에서 삭발을 하고 출가했다. 이것저것 생각할 겨를 없이 그저 마음이 원하는 대로 움직여야만 훗날에 나의 인생을 후회하지 않을 것 같았기에 감행했던 것이다.

삼십여 년이라는 세월이 흘렀지만 지금도 지난날을 돌아보면 만감이 교차한다. 제대로 제 한 몸도 간수하지 못하던 여리고 여린 처녀가 그것도 혼자서 산 깊은 지리산 골짜기에 있는 절로 출가하기 위해 무작정 찾아갔다는 사실을 어떻게 믿겠는가. 하지만 그것은 엄연한 사실이었다.

누구나 삶의 갈림길에서 어떤 길을 선택할 것인가를 결정하는 일은 결코 쉽지 않다. 힘들고 외로웠고 절박했기 때문에 다른 그 어떤 이유도 나의 출가를 막지 못했다. 하긴 지금의 나도 그 상황을 기억하면 도저히 믿기지 않는다.

'어떻게 당돌하게 그런 결정을 할 수 있었을까.'

참으로 대단한 선택이었고 그 선택은 내 인생을 송두리째 바꿔 놓는 계기가 되었다. 더구나 절박한 삶의 갈림길 앞에서 어떤 길을 택할지에 대해 조언해줄 단 한 명의 조력자도 없었다. 그래서 더욱 힘들고 외로웠기 때문에 단호하게 스님이 되기로 결심했는지도 모른다. 아마도 나와 같은 순간을 겪지 못한 사람은 내 마음을 결코 이해할 수 없을 것이다.

나는 시린 외로움을 홀로 견디며 삼십여 년을 수행자로 살아왔다. 만약, 그때 일말의 후회가 있었다면 어쩌면 제자리로 돌아가 유명한 가수로 살았거나 또 최악의 경우는 얼어붙은 밤길에 쓰러져 죽었을지도 모른다. 하지만 당시 나는 일생일대의 중대한 결심을 했고 결국 스님이 되었다. 지금도 그 시간을 돌아보면 그저 스스로 대견스럽기만 하다. 때문에 스님이 된 것에 대해서 조금도 후회가 없다. 왜냐하면 누구의 강요도 아닌 스스로 선택한 길이었기 때문이다. 만약, 다시 태어난다고 해도 나는 이 길을 기꺼이 선택했을 것이다.

삭발식을 한 다음 날부터 고된 행자 생활이 기다리고 있었다. 은사스님은 혹독하게 나를 단련시키기 시작했다. 나는 더 이상 지나가거나 잠시 머무는 객(客)이 아니었다. 지리산의 새벽은 상상하지 못할 정도로 바람이 맵차고 추웠다. 날마다 살을 에는 듯한 영하의 기온 때문에 피부가 터지고 갈라졌다. 그 와중에도 나는 행자로서의 임무를 하지 않으면 안 되었다. 매일 산기슭에 나무를 하러 가고 계곡의 얼음을 깨어 물을 기르고 그 물로 밥과 빨래를 해야 했다. 더구나 잠이 많았던 내게 새벽 세 시 기상은 쉬운 일이 아니었다. 지난날 같으면 한참 잠들어 있을 시간에 일어나서 법당에 예불을 드리러 갔으니 고생이 이만저만이 아니었다.

법당의 목조건물은 전혀 방한이 되지 않아 얼음장처럼 서늘했다. 거기다 세찬 바람이라도 부는 날에는 천장과 벽이 무색하게 머리칼이 흩날리기도 했다. 문이 덜컹거리고 온몸에 터럭이 일제히 일어서는 듯한 냉기가 느껴졌다. 얼마나 추운지 몸에 진동이 온 듯 덜덜 떨렸다. 때문에 나는 조금이라도 체온을 높여볼 요량으로 수백 배의 절을 하기도 했다. 예불을 마친 후에는 마당에 나가 간밤에 소복이 내린 눈을 쓸었다. 육체노동을 전혀 해보지 않았던 나는 그런 행자 생활이 좀처럼 몸에 익지 않았다. 때때로 내가 왜 이런 험한 길을 선택했던가 후회하기도 했다. 어머니와 동생들은 잘 있을까? 밤하늘의 별을 보면 현란한 빛깔로

요동치던 밤무대의 조명들이 문득 그리웠다. 이상하게도 인연을 멀리하려 하면 할수록 그런 일상의 기억들이 나를 괴롭혔다. 상념을 떨치려고 정신없이 일을 한 날이면 더욱 세속의 일들이 선연하게 기억을 파고들었다. 눈을 감으면 어느새 내 몸뚱어리는 조각배가 되어 먼 바다를 향해 표류하거나 혹은 휘황찬란한 서울의 밤거리를 방황하고 다녔다. 그것들은 번뇌의 파편들이었다. 몸속에 깊이 박혀서 끄집어낼 수 없는 유리조각 같은 것이었다.

그럴 때마다 어지러운 마음을 잡아 주신 분은 은사스님이었다. 그 분은 내 전부를 알고 있는 것 같았다. 아니 번뇌로 가득한 마음을 오래전부터 이미 눈치채고 있었다. 내 몸은 세속의 욕망에 찌들어 있었기에 어쩌면 당연한 일인지 모른다.

행자 생활을 시작한 지 삼 개월이 지나갈 무렵, 은사스님이 갑자기 설선당으로 나를 불렀다. 딱히 이유는 없었다. 갑자기 겁이 났다. 혹시 내가 잘못한 일이라도 있는지 싶어서 지레 겁을 먹었던 것이다. 하지만 뜻밖에 은사스님은 사랑스러운 부처님 같은 목소리로 나를 타일렀다.

"보현아. 힘들지? 그래도 참아야 하느니라. 너에게 보현이라는 법명을 내려준 이유도 그 때문이다. 너는 이제부터 보현보살의 삶을 살아야 한다."

"그 이유란 무엇입니까? 스님."

"보현보살은 어리석은 중생들을 깨치기 위해 열 가지의 대원을 발원하신 보살님이시다. 이를 '십대보현행원품'이라고 한다. 나중에 네가 공부를 하게 되면 다 알게 된다. 그러니 너는 지금부터 열 가지의 보현행원품을 열심히 닦아서 모든 중생들의 일체 죄업과 일체 병고와 일체 마군을 물러가게 해야 한다. 이것이 내가 너의 법명을 보현으로 지은 이유이다. 알겠느냐?"

"네. 잘 알겠습니다. 스님."

나는 보현보살이 어떤 일을 하시고 있는 보살인지조차 잘 몰랐다. 불가에 들어온 이상 속가의 이름과 성을 지우고 다시 태어나야 하는 것은 당연한 일이지만, 한동안 이경미라는 이름 석 자를 차마 떨칠 수가 없었다. 보현이라는 법명이 종내 낯설게 느껴졌던 것이다.

"이제부터 속가의 이름은 깨끗이 버려야 한다. 그 이름을 가지고 있는 이상, 너는 아직도 스님이 아니라 속인에 지나지 않는다. 알겠느냐?"

"네, 스님."

"그런데도 너는 아직도 마음의 것을 버리지 못하고 있구나. 왜 그러는가. 이제는 버려라."

삭발한 뒤에도 세속의 미련을 버리지 못하고 한동안 나는 온갖 번뇌의 옷을 껴입고 있었는데 스님은 이미 모든 것을 알고 계셨던 것이다.

지나고 보니 출가라는 것은 참으로 잔인한 것이다. 나를 낳아

주고 키워준 부모님과의 정을 끊게 하고, 그것도 모자라서 형제 자매의 연을 끊는 것만큼 더 힘든 세상일이 그 어디에 있겠는가. 하지만 어쩌랴, 그게 또 출가의 길임을. 나는 조금씩 내 안으로 이경미가 아닌 보현을 받아들이고 있었다.

나는 점차 스님이 되어갔다. 염불은 귀동냥으로 익혔고 틈틈이 경전을 읽었으며 차츰 승가 생활에 적응해나갔다.

행자들이 모두 스님이 되는 건 아니다. 그만큼 비구니계를 수지하기란 어려운 일이다. 세속의 습을 버리지 못해서 도중에 하차하는 행자들이 절 마다 절반 이상이 되었다. 내가 온전하게 출가의 길을 걷게 된 것은 전적으로 훌륭한 스승님 덕분이었다. 나는 출가의 기쁨을 은사스님과 함께 나누었다. 불가에서 출가자가 훌륭한 은사를 만나는 것도 큰 행운이라는 걸 그때 비로소 알았다. 다행스럽게도 나에게는 그런 스님이 곁에 계셨던 것이다.

2부

흔들리는 건 깃발이 아니라
바로 너의 마음이다

바람이 불면 깃발이 흔들리고
나뭇잎이 흔들리듯이
번뇌가 몸속에 일면
마음이 흔들리고 몸에 병이 생깁니다.
욕심과 집착을 내려놓으세요.
저절로 행복이 걸어옵니다.

길을 갈 때는 똑바로 가라

눈을 뚫고 들판을 걸어갈 때
모름지기 어지럽게 걷지 마라
지금 내가 밟고 간 발자국은
뒷사람이 걸어 갈 길이 될 것이니

穿雪野中去(천설야중거)

不須胡亂行(불수호란행)

今朝我行跡(금조아행적)

遂作後人程(수작후인정)

—야설(野雪)/임연당(臨淵堂) 이양연(李亮淵 · 1771~1853)

흔들리는 건 깃발이 아니라 바로 너의 마음이다

오래전부터 승가의 수행자들이 즐겨 읽었던 시다. 김구 선생이 서산대사가 쓴 것으로 잘못 알린 탓에 서산대사의 시로 많이 알려져 있지만 사실은 조선 후기 이양연이 쓴 시다. 서산대사의 시는 한자(漢字) 두 개만 다르다.

출가는 눈 쌓인 들판을 걷는 것처럼 험난하고 외로운 길이다. 당신은 눈 내린 들판을 가본 적이 있는가. 앞서 남긴 사람의 발자국을 보면 그가 똑바로 걸었는지 비틀비틀 걸었는지 한눈에 다 알 수 있는 것처럼, 사람은 항상 몸과 마음을 청정하게 유지해야 한다는 것이 이 시의 요지다.

뒷사람은 늘 앞서간 자의 흔적을 본다. 그러니 어찌 앞선 사람이 눈 덮인 길을 함부로 걸을 수 있겠는가. 그와 같이 평소 수행자는 몸과 마음을 항상 청정하게 하고 함부로 행동해서도 안 된다.

스승은 제자의 거울이다. 스승이 자칫 허튼 수행자의 모습을 보이면 제자도 잘못된 수행자의 길로 들어설 수 있다. 삭발염의만 한다고 해서 수행자가 되는 게 아니라 진리를 배우고 익혀 고통받고 있는 중생들에게 행복과 안락의 길을 가도록 인도하는 데에 목적이 있다. 그러므로 허투루 몸과 마음을 써서는 안 된다. 중생을 제도하는 스승의 역할을 대신해야 하기에 이 시 속에 깃든 가르침을 항상 마음속에 새겨 두는 게 좋다.

요즘 특별한 일이 없으면 북한산 보현봉을 자주 오른다. 진눈깨비가 내리는 어느 날이었다. 그날은 산길이 미끄러워 오를까 말까 한동안 망설이다가 습관처럼 발길을 옮겼다. 산 아래 입구에서부터 걸으면 족히 두 시간 걸리고 길도 매우 험해서 결코 만만찮은 여정이다. 그날은 등산화를 신기는 했지만 시간이 갈수록 눈이 많이 내려 이만저만 걱정이 아니었다. 어렵사리 정상에 올랐다. 하지만 내려오는 게 더 문제였다. 하는 수 없이 막대기를 하나 구해 땅을 짚고 내려오다가 그만 엉덩방아를 찧었다. 넘어진 자리는 눈이 어지럽게 흐트러져 있었다. 그것을 보니 갑자기 이 시가 생각났던 것이다.

내가 주지 소임을 맡고 있는 '부처님마을'은 일반 신도들을 중심으로 한 수행공동체다. 어느 절이든 참된 도량이 되려면 당연히 주지가 수행과 살림에 솔선수범하고 모범을 보여야만 구성원들도 잘 따르고 발전한다. 작은 공동체가 이러할진대 큰 절이나 방대한 조직에서는 리더의 행동이 얼마나 중요한가를 여실히 실감한다.

이렇듯 사람은 자신의 위치에서 몸과 마음을 바르게 하고 남을 위해 어떤 역할을 할 것인가를 잘 생각해야 한다. 오늘날 사회를 이끄는 지도자들도 이 한시의 가르침을 마음 깊이 새겼으면 좋겠다. 특히 정치하는 사회지도층 인사들은 자신의 행동 하나하나가 국가와 국민의 미래를 좌우할 수 있다는 사실을 명심해야 한다.

가정도 마찬가지다. 자식들은 부모의 행동을 배운다. 문제 있

는 가정은 자식들도 문제를 일으킬 가능성이 농후하다. 그러니
이 시대에 부모로서 자식을 가르치는 일은 결코 쉽지 않다. 자식
들이 사회의 구성원으로 당당하게 살아갈 수 있도록 부모로서의
역할을 다해야 한다는 의미이다. 우리 부모 세대들은 전쟁이라
는 아픔까지 겪으며 어려운 시대를 살아왔다. 참으로 힘든 시기
였다. 지금 우리 시대도 녹록한 세상이 아니다.

이양연의 시처럼 고요하고 청정한 삶을 살아야 한다. 누구나
오고 싶어서 이 세상에 온 것이 아니다. 이왕지사 세상에 왔으니
열심히 살아야 하는 것도 의무이자 권리이며 삶의 가치가 아니
겠는가.

그대가 이 세상에 온 것은
흰 눈이 내리는 것처럼
하나의 축복입니다.

흔들리는 건 깃발이 아니라
바로 너의 마음이다

　우리 마음은 늘 번뇌로 인해 흔들린다. 번뇌는 스트레스가 되고 이것이 마음의 병이 되어 나중엔 육신의 병을 만드는 심각한 원인이 된다. 건강하고 행복한 삶을 유지하려면 마음의 병을 만드는 번뇌를 소멸시켜야 하지만 알면서도 우리들은 스스로 번뇌를 만들고 있다.

　번뇌로 가득한 마음을 가라앉힐 방법에는 어떤 것이 있을까.

　옛날부터 전해오는 중국 선종(禪宗)때의 육조혜능스님에 대한 재미있는 일화를 소개하겠다. 인도의 왕자였던 달마는 선불교(禪佛敎)를 전하기 위해 서쪽에서 동쪽으로 넘어와서 중국 선불교의 초조(初祖)가 된 후 혜가(慧可), 승찬(僧璨), 도신(道信), 홍인(弘忍)스님을 거쳐 마침내 육조(六祖)혜능(慧能)스님에게 법을 전한다.

혜능스님은 나무꾼에 일자무식이었지만 어머니를 지극히 봉양하는 효자였다. 스님은 시장에서 장작을 팔다가 『금강경』에 있는 '응무소주이생기심(應無所住而生其心), 머무는 바 없이 그 마음을 내라'는 사구게를 듣고 문득 마음의 문(門)이 열려, 그 길로 오조 홍인스님을 찾아가서 인가(認可) 받고 법을 잇게 되었다.

어느 날, 혜능스님은 중국의 제지사라는 한 절에 머물고 있었는데 하필이면, 널리 명강사로 알려져 있었던 종인스님이 그곳에서 『열반경』을 강의하고 있었다.

때마침 거센 바람이 불어 깃발이 바람에 펄럭이는 것을 보고 여러 스님들 사이에 시비가 붙었다.

한 무리의 스님들이 이렇게 말했다.

"저건 바람이 불어 깃발이 펄럭이니 바람이 펄럭이는 것이다."

그러자 다른 스님들이 이렇게 반박했다.

"무슨 소리인가. 펄럭이는 것은 깃발이니 당연히 깃발이 펄럭이는 것이다."

논쟁은 쉽게 끝나지 않았다. 스님들의 논리는 정연했고, 그들은 자신의 주장을 굳게 믿고 있었기에 다른 쪽의 논리를 도무지 받아들이려 하지 않았다. 강사인 종인스님도 각각의 주장을 들어보니 모두 다 맞는 말이라 쉽게 판단할 수가 없었다.

그때 마침 그곳을 지나가던 혜능스님이 논쟁에 끼어들어서 청천벽력 같은 활구(活口)을 던졌다.

"내가 보기에는 바람이 펄럭이는 것도, 깃발이 펄럭이는 것도 아닌 듯 보이네."

현장에 있던 많은 대중들과 스님들은 깜짝 놀랐고 어수선했던 좌중은 갑자기 찬물을 끼얹은 듯 조용해졌다.

혜능스님의 말에 귀가 쫑긋해졌던 것이다.

논쟁의 좌장이었던 종인스님조차 체면이 급격히 구겨졌다. 혜능스님처럼 대중들을 압도하는 일갈(一喝)이 있어야 했는데 그렇지 못했던 것이다. 은근히 화가 치민 종인스님은 혜능스님을 향해 쏘아 붙였다.

"그렇다면 무엇이 펄럭인다는 말이요?"

그 순간 혜능스님은 간단명료한 말로 좌중을 제압하며 일갈했다.

"펄럭이는 것은 이곳에서 논쟁을 벌이고 있는 스님들의 마음이요."

혜능스님의 전광석화 같은 갈파에 그 누구도 대구(對句)를 하지 못했다. 정말 그들의 마음이 깃발보다 더 흔들리고 있었기 때문이다. 깃발도 흔들리고, 바람도 흔들리는 것은 분명했지만, 결국 그들은 자신들의 주장을 접을 수밖에 없었다.

왜냐하면 바람이 세게 불었고, 깃발도 심하게 흔들린 것은 사실이었지만 결국 흔들린 건 자신들의 마음자체였기 때문이다. 바람의 흔들림은 단순히 자연적 현상으로 일어나는 것이지만 마음이 흔들린다는 것은 선적(禪的)인 입장에서 말한 것임을 대중들 또한 모를 리가 없었다.

그 논쟁의 현장은 그런 사실을 확인하려고 하는 토론이 아니라 흔들림의 본질이 무엇인가를 논파하는 자리였다. 바람도 불었고 깃발도 흔들렸지만, 그 현상이 드러내는 본질이 무엇인가를 들춰내는 것이 논쟁의 핵심이었기에 혜능스님의 일갈(一喝)은 그야말로 살아있는 논쟁의 중심이었던 것이다.

말하자면, 혜능스님은 날카로운 지혜의 칼로써 대중들이 수긍할 수 있는 흔들림의 핵심을 투과(透過)해 냈던 것인데 결국 대중들은 혜능스님에게 항복할 수밖에 없었다.

세상의 일들은 '논리가 맞다'고 해서 모두 진리가 되는 것은 아니다. 대개의 논객들은 자신만의 가설을 설정해 놓고 논리를 전개하여 그것이 완벽한 진리라고 주장하지만, 사실은 가정일 뿐 옳은 진리라고 할 수는 없다.

그들은 오늘날의 정치인들처럼 자기들의 정파(政派)이익을 위해 강력한 논리로 무장하지만 그 이면에는 현저한 모순이 자리하고 있으며 그것은 진리를 가장한 거짓에 지나지 않는다. 때문에 그것을 판단하는 것도 사람의 지혜이다.

사물을 보는 눈은 단순한 현상만을 본다. 그것들은 시시각각으로 흔들리면서 변한다. 결국 감각의 눈으로 바라보면 '흔들리는 것은 바람이고 깃발'에 불과할 뿐이다.

그러나 '마음의 눈'으로 바라보면, 새로운 세계가 보인다. 이 말은 곧 눈으로 보이는 현상만이 흔들리는 것이 아니라는 얘기이다. 때문에 혜능스님이 '흔들리는 것은 그대들의 마음'이라고 논파한 것은 대중들이 현상만 보고 좌충우돌할 때, 본질을 혁파한 것으로서 절대적인 진리에 가깝다고 할 수 있다.

눈으로 들여다본 현상적인 감각은 몸의 여러 기관을 통해 전달되고 결국 의식에까지 이르게 되어 이를 통해 새로운 자각이 일어나 몸을 움직이게 한다. 그 자각이 곧 마음이다. 우리가 눈으로 바라보고 느끼는 모든 것은 결국 마음에 의해 조정된다. 때문에 마음에 의해 구속되기도 하고 해방되기도 한다.

혜능스님은 이러한 마음의 본질을 간파해서 대중들에게 '흔들리는 것은 바람도 깃발도 아니라 바로 마음'이라고 절대적인 진리를 설파한 것이다.

그렇다. 마음을 흔들리게 하는 것은 우리가 만든 탐진치로 인한 번뇌이다. 번뇌는 스트레스를 일으키는 주범으로서 이것이 사라지면 스트레스가 사라지고 곧 마음이 편안해진다.

혜능스님은 마음에서 일어나는 번뇌와 망상을 다스리는 것이 깨달음에 이르는 고요한 경지임을 대중들에게 설파했던 것이다. 그러므로 흔들리지 않는 마음이 곧 깨달음인 것이다. 결국 혜능스님이 대중들에게 일러준 것은 '쉼 없이 흔들리는 마음'을 잘 다스려야만 '궁극의 깨달음'을 구할 수 있다는 가르침이 아니겠는가.

바람이 불면
깃발이 흔들리고
나뭇잎이 흔들리듯이

번뇌가 몸속에 일면
마음이 흔들리고
몸에 병이 생깁니다.

나를 괴롭히는
욕심과 집착을 내려놓으세요.
행복은 저절로 걸어옵니다.

'맑은 가난'을 사랑하라

　법정스님은 생전 오랫동안 당신이 머물러왔던 송광사 불일암에서 농사를 짓고 글을 쓰면서, 제자들에게 자신의 삶을 일컬어 '맑은 가난'이라는 표현을 자주 하셨다. 유일한 스님의 낙은 계곡에 흐르는 맑은 물소리와 신선한 바람 소리, 새와 꽃을 바라보며 유유자적한 삶을 사는 것이었다.

　마치 다산 정약용이 유배지인 전남 강진에서 바다를 바라보면서 불후의 명작들을 많이 썼던 것처럼 스님 또한 불일암의 의자에 앉아서 저무는 해를 바라보면서 '맑고 가난한 삶'을 사신 것은 아닐까. 이렇듯 선지식의 가르침은 가슴에 오래 남는다.

　물질문명사회는 돈이 사람의 인격을 만들고 가치를 평가한다. 세속의 사람들에게 돈과 재물은 없어서는 안 될 매우 중요한 것이다. 하지만 사람들은 차츰 물질의 노예가 되어 사람됨의 본분을 잊고 점점 눈이 멀고 있다. 이러한 때에 스님의 말씀은 우리들에게 큰 경종을 울린다.

어느 날 나는 차를 끓이다가 스님이 말씀하셨던 '맑은 가난'이란 단어가 문득 떠올랐다. 왜 그랬을까? 스님은 가난이면 가난이지 왜 굳이 '맑은 가난'이라는 말을 했을까. 다른 말로 표현하면 '청렴한 삶'일 것이다.

'이렇게도 따뜻한 언어가 이 세상에 또 있을까.'

그날 종일 '맑은 가난'이라는 단어를 속으로 곱씹다가 마치 향기로운 차를 한잔 마시듯 마음이 갑자기 훈훈해졌다. 스님의 말씀처럼 어떻게 살아야 나는 '맑은 가난'을 실천할 수 있을까? 이를 실천하면서 살아가는 사람이 과연 얼마나 될까? 이런저런 생각에 깊이 몰두했다. '맑은 가난'은 우리 같은 스님들과 목사 신부 같은 성직자들이 반드시 추구해야 할 삶이다.

인간이 가진 가장 큰 장점 중의 하나는 자신의 삶을 뒤돌아볼 수 있는 사색을 한다는 데에 있다. 이를 불교에서는 '참선'이라고 하고 가톨릭에서는 '묵상'이라고 한다. 개신교에서는 조용히 자신을 돌아보는 것을 '기도'라고 한다. 결국 법정스님의 말씀처럼 '맑은 가난'이란 물질과 명예를 멀리하고 조용히 자신의 삶을 관조하면서 사색하는 삶이 아니겠는가.

큰 나무가 되려면 가지를 쳐야 하듯이 번뇌와 쓸데없는 일을 줄이고 주변을 단순하게 만들어 온전한 자기 자신만의 명상에 젖어가는 것이 바로 '사색'이다. 이것은 정신건강에도 매우 좋다. 우리가 사는 세상은 허망하고 번개 같다. 우리는 그저 지구라는 별에 잠시 왔다 떠나는 나그네일 뿐이다. 그러므로 '맑은 가난'을 실천하려면 우선 명상하는 삶을 살아야 한다.

법정스님은 '맑고 향기롭게'라는 시민단체를 설립한 적이 있다. 이것은 '맑은 가난'을 실천하기 위한 방편으로 생전에 설립한 것이다. 그 와중에도 불일암에서 채소 가꾸기와 나무 돌보는 일을 조금도 게을리하지 않았다. 스님에게 꽃과 나무를 가꾸는 일은 자기만의 마음을 다스리는 수행법이었다.

우리들도 스님처럼 유유자적하게 사는 것이 좋고 그러한 삶이 곧 '맑은 가난'이 아니겠는가. 어쨌든 그날 이후 법정스님의 '맑은 가난'에 대한 가르침은 내 심경에 큰 변화를 주었다. 아직도 나는 그 말씀을 가슴속에 새기며 수행자로 살아가고 있다. 삶이란 살면서 찾아오는 외로움을 물리치는 일이다. 때문에 외로움을 벗하며 삶의 의미를 곱씹는 깊은 사색이 필요하다.

그렇다. 가난은 나쁜 것이 아니라 삶을 사는 데 조금은 불편한 것일 뿐 죄가 아니다. 요즘 돈에 눈이 멀어서 부당한 방법으로 부를 축적하는 사람들이 부지기수다. 그들은 그러한 행위들이 스스로 죄업을 낳다가 언젠가는 반드시 그 대가를 받는다는 것을 모르는 것 같다.

불교의 주된 가르침은 '무소득'입니다.

법정스님의 '무소유'는 물질이 '있다, 없다'라는

분별심을 가리키지만

불교의 '무소득'은 아예 소유하는

마음조차 끊어낸 걸 의미합니다.

누구나 자신이 소유한 것은

영원할 것이라고 생각하지만

시간이 지나면 다 사라집니다.

어리석은 착각에서 벗어나게 되면

자신을 괴롭히던 모든 장애가 다 사라지고

자유자재한 성품을 지니게 됩니다.

이것이 모든 집착과 애착을 버린

『반야심경』의 '무가애(無罣礙)'입니다.

당신은 지금 무엇을 버렸나요.

흔들리는 건 깃발이 아니라 바로 너의 마음이다

돈에는 행복이 들어있지 않다

대부분 돈과 행복은 비례하기 때문에 돈이 많으면 행복하고, 없으면 불행하다고 생각한다. 나의 입장에서 바라보면 이런 잣대가 한심하기까지 하다. 돈이 없으면 조금 불편할 뿐이지 돈이 많다고 해서 꼭 행복을 보장해 주지는 않기 때문이다.

일례로 얼마 전 수천억 원대의 재산을 가진 대기업 총수가 자식에게 물려준 재산의 상속세를 속여서 구속된 적이 있고 심지어 아들이 부모님의 재산을 차지하기 위해 존속살인까지 저지른 일도 있었다.

평생 일구어온 많은 재산 때문에 오히려 화를 입게 된 것이다. 물질사회에서는 이런 일들은 비일비재하다. 마음의 행복이 돈보다 더 중요하다. 돈에는 행복이 들어있지 않다. 그럼, 어떤 마음으로 살아야 우리는 행복해질 수 있을까?

　미국의 LA에 가면 한 고급 레스토랑이 있는데 이곳에 첼리스트라는 총지배인이 있었다. 어느 날 밤, 그는 여느 때와 같이 근무하다가 레스토랑에 침입한 무장 강도들이 쏜 총에 맞아서 쓰러졌다.

　시민들의 도움으로 병원으로 긴급 이송되었다. 수술실에는 의사와 간호사가 대기하고 있었다. 의사는 중상을 입은 그를 보고 낙담했지만 오히려 첼리스트는 고통을 애써 참으며 웃었다.

　간호사가 수술 전 마취주사를 놓기 전 그에게 물었다.

　"몸에 특별한 알레르기 반응이 있습니까."

　"당연히 있습니다. 사실 총알이 박힌 곳에 알레르기가 있습니다."

　첼리스트의 말을 들은 의사와 간호사는 웃었다. 죽음의 순간에도 여유를 잃지 않은 그가 대단하다고 여겨졌기 때문이다. 의사는 꼭 그를 살려야겠다는 간절한 마음으로 수술을 했다. 그는 다행히 목숨을 건졌고 재활을 거쳐서 마침내 완쾌되었다.

　심각한 총상을 입고도 살 수 있었던 이유는 무엇이었을까? 절체절명의 순간에도 희망을 버리지 않는 긍정과 마음의 행복이 첼리스트의 손을 들어준 것은 아닐까?

　그 후부터 그는 늘 어렵고 힘든 상황에서도 '지금보다 더 나을

흔들리는 건 깃발이 아니라 바로 너의 마음이다

수는 없다'는 긍정적인 마음으로 세상을 살면서 주변 사람들이 어려운 일에 처해 있거나 기가 죽어 있으면 항상 긍정적으로 살라고 격려를 해주었다. 그 후 레스토랑은 세상에 더 널리 알려지게 되고 그는 더욱 유명해졌다.

하루는 한 신문사 기자가 그를 인터뷰했다.

"무장 강도의 총에 목숨을 잃을 뻔했는데도 어떻게 그렇게 낙관적이고 긍정적일 수 있었나요? 그 비결이 무엇이었나요?"

첼리스트는 말했다.

"아침에 눈을 뜨면 반드시 명상에 들어서 이렇게 다짐합니다. 오늘도 나에게 행복과 불행이라는 두 사람이 노크할 것이다. 나는 행복에게 문을 열어 줄 것이다."

기자는 첼리스트의 대답을 듣고 또 질문을 했다.

"만약, 불행이 찾아오면 어떻게 할 것입니까?"

"그럴 때는 부처님이 내게 주신 선물이라고 생각하고 그 가르침을 받아서 이를 나의 삶에 적용시켜 행복으로 나아갈 것입니다."

첼리스트는 행복과 불행이 중요한 게 아니라 하루의 삶을 온전히 내 것으로 받아들여서 열심히 사는 것이 진정한 삶의 가치임을 알고 있었던 것이다.

이렇듯 행복이란 돈이 많고 적음에 있는 것이 아니라 어떤 마음으로 자신에게 주어진 인생을 살아가느냐에 달려있다.

내가 자꾸 불행하다고 생각하면
좋지 않은 일이 찾아오고
내가 행복하다고 자꾸 생각하면
날마다 즐거운 일이 찾아옵니다.
마음이 모든 것을 지어내니까요.
당장 지금부터라도
나는 행복한 사람이라고 생각하세요.
당신에게 반드시 좋은 일이 생깁니다.

흔들리는 건 깃발이 아니라 바로 너의 마음이다

시작은 끝에서 연결된
연속적인 선이다

불가에 '무시무종(無始無終)'이란 말이 있다. '시작도 없고 끝도 없다'는 선어(禪語)적인 깊은 의미를 담고 있다. 한 번쯤 세상을 살아가면서 이 말을 깊이 염두에 두면 좋다.

인생은 아침이면 해가 뜨고 저녁이면 해가 지듯 늘 연속선 상에 있다. 그렇지 않은가. 누군가는 힘든 삶이라고 자책하겠지만 그것이 또 다른 희망의 시작임을 사람들은 제대로 인식하지 못한다.

자연의 사계(四季)를 보라. 다들 봄은 한 해의 시작이고 겨울은 끝이라고 생각하기 쉽지만 사실은 그렇지 않다. 봄이면 파릇파릇한 새잎과 아름다운 꽃이 피고, 겨울이면 열매와 씨앗을 남기고 다시 흙으로 돌아가 싹을 피울 때를 기다리는 것처럼 인생은

흔들리는 건 깃발이 아니라 바로 너의 마음이다

기다림의 연속이다.

우리들은 자연을 보면서 대개 무상(無常)을 절감한다. 왜 그럴까? 머잖아 흙으로 돌아가게 될 육신의 삶이 연상되어 한없이 마음이 우울해지기 때문이다. 그러나 자연의 순진무구한 경이를 알게 된다면 사계의 의미는 무의미해지고 '무시무종'은 더욱 뚜렷해진다. 본래부터 자연은 시작도 없고 끝이 없다는 것을 알게 된다.

인생 또한 그렇다. 그러니 어디가 시작이고 끝이란 말인가? 무상의 진리 앞에서 인간은 한없이 작아지기 마련이고 둥근 원처럼 이 세상은 돌고 돈다.

그럼에도 불구하고 새해가 되면, 떠오르는 해를 가장 먼저 보기 위해 해맞이를 떠난다. 어쨌든 새해를 맞이하면서 해를 보면서 새로운 희망을 갖는다는 건 좋은 일이고 환영할 만한 일이지만 여기에는 반드시 유념해야 할 점이 있다. 어제 본 태양과 오늘 본 태양, 내일 보게 될 태양이 모두 같지만 사실은 다르다는 것이다.

우리는 살면서 날마다 업(業)을 짓는다. 알고도 짓고 모르고도 짓는 업에는 선업(善業)과 악업(惡業)이 있다. 그 업이 쌓여 자신의 미래를 결정한다는 사실을 잘 모른다. 오늘 선업을 쌓게 되면 그로 인해서 내일의 공덕이 쌓이게 되고 미래에는 희망의 빛이 보이게 되지만 반대로 악업을 짓게 되면 미래에는 먹구름만 쌓일 뿐이다. 이것이 '선인선과(善因善果) 악인악과(惡因惡果)'이다.

대부분의 사람들은 해맞이를 하면서 어제 자신이 행한 업을 망각하고 미래만 꿈꾸는 것 같아 심히 걱정스럽다. 일시적인 기분에 젖어 막연한 희망만을 꿈꾸는 것은 자신에게 아무런 도움이 되지 않는다.

그러므로 지금 이 순간부터라도 선업을 쌓아 다가오는 내일을 대비해야 한다. 이왕이면 자신이 지은 업을 돌아보고 앞으로는 더 많은 선업을 짓겠다는 다짐을 해 보는 것도 좋은 방법이다. 오늘은 바로 내일을 위한 것임을 자각해야 한다. 내일은 곧 우리에게 꿈을 던져 주는 미래이다.

말 나온 김에 고대 이집트의 스핑크스의 '내일'에 관한 재미있는 수수께끼를 들려주고 싶다. 스핑크스는 머리가 사람, 몸은 사자로서 왕자(王者)의 권력을 상징하는 전설적인 괴물이다. 테베의 암산(岩山) 부근에 살면서 지나가는 인간에게 수수께끼를 내어 풀지 못한 사람을 잡아먹었다고 한다. 그가 낸 유명한 수수께끼가 있다.

'나는 한 번도 존재한 적이 없지만 늘 존재했다.

나를 본 사람은 아무도 없으며 앞으로도 그럴 것이다.

그럼에도 불구하고 살아 숨 쉬는 모든 이들은

나의 존재를 확신한다.

나는 무엇인가?'

당신은 이 수수께끼의 답을 알겠는가. 바로 '내일(Tomorrow)'이
다. 사람들은 한 번도 만나본 적이 없지만, '내일'이 있음을 확신
하고 오늘을 열심히 살아가고 있는 것은 아닐까? 이것이 오늘 우
리가 사는 이유이다.

그렇듯이 어제가 없는 오늘은 있을 수 없고, 오늘이 없는 내일
은 있을 수 없다. 어제까지 자신이 저지른 업보는 해가 바뀌었다
고 소멸되는 것이 아니므로 오늘 열심히 선업을 쌓아야 한다.

지금 이 순간 내가 쌓은 업은 고스란히 다음 생에 받게 되는 과
보가 된다는 걸 염두에 둔다면 '지금 이 순간'을 함부로 살 수가
없다. 때문에 해맞이를 하면서 새로 태어난 듯한 일시적인 기분
에 젖어 막연히 미래를 꿈꾸는 건 아무런 의미가 없다. 찬란한
해만 보지 말고 마음속으로 한해를 잘 살아보겠다고 다짐하는
것이 중요하다.

우리는 잠시 이 세상에 머물다가 떠나는 하찮은 존재에 지나지
않는다. 봄이 있어야 여름이 있고, 여름이 있어야 가을이 있고,
가을이 있어야 겨울이 있듯 인생에도 시작과 끝이 연결되어 있
고 그 시작과 끝은 인간의 힘으로는 알 수가 없다. 다만 시작과
끝은 연속선 상에 놓인 하나의 점일 뿐이다.

이렇듯 우주의 법칙은 '무시무종'이다. 삶의 끝에는 누구나 죽

음이 있다. 죽지 않는 삶이란 존재하지 않는다. 그러므로 우리는 죽음을 자연스럽게 받아들여야 하고 삶의 일부임을 인정하는 순간 죽음 앞에서 겸허해진다. 당당하게 죽음을 받아들이려면 현재의 삶에 더욱 충실해야 하고 선업을 많이 쌓아야 한다. '이 순간'보다 더 중요한 삶은 없다. 지금 내가 하고 있는 행동이 내일의 씨앗이 된다는 것을 결코 잊어서는 안 된다.

그대 어디에서 왔으며
지금 어디로 가는가.
그대 왜 그리 분주하고 그리 삭막한가.
인생은 그날이 그날이네
너무 나를 힘들게 하지 말게.
소쩍새 우는 소리에
저녁달은 밝고 아침 해는 다시 뜨네.

흔들리는 건 깃발이 아니라 바로 너의 마음이다

건강하게 오래 살려면
욕심을 버려라

예나 지금이나 인간의 욕망은 끝이 없고 그로 인해 망해가고 있다. 그렇다고 무조건 욕망을 갖지 말라는 건 아니다. 만약 우리에게 작은 욕망조차 없다면 의욕도 없고 더 나은 발전을 기대할 수 없다. 때문에 누구든지 행복하게 살려면 욕망은 가지되 작은 것에 만족하는 '소욕지족(少欲知足)'의 삶을 사는 것이 좋다.

한 예로 경전 속에 담긴 욕망에 관한 이야기를 하나 할까 한다. 우리가 읽고 배우고 있는 경전들은 석가모니 부처님 열반 이후 후대의 제자들이 대부분 집필한 것들이다. 이를 한 권으로 묶어서 우리는 '팔만대장경'이라고 부른다.

그중에는 5세기경 인도의 상가세나 스님이 쓴 『백유경(百喩經)』이란 책이 있다. 인간이 세상을 바르게 살아야 하는 이유를 99가지의 우화로써 풀어낸 경인데 오늘날에도 불자들에게 가장 많이 읽히고 있다. 그중 하나를 소개한다. 욕심으로 인해 자신이 가진 것조차 잃어버린 두 귀신의 재미있는 이야기이다.

옛날 한 마을에 비사사라는 두 귀신이 살고 있었다.

그들은 각각 작은 상자와 지팡이 한 개,

신발 한 켤레를 가지고 있었다.

두 귀신은 세 개를 모두 가지려고 다투었지만

해가 지도록 해결하지 못하고 있었다.

그때 두 귀신이 싸우고 있는 것을 본 나그네가 두 귀신에게 물었다.

"이 상자와 지팡이, 그리고 신발은 도대체 어떤 진기한 힘이 있기에 그토록 서로 다투고 있는가?"

두 귀신이 대답하였다.

"상자는 의복, 음식, 평상, 침구 따위의 생활 도구들을 모두 만들어 내는 진기한 힘이 있고 지팡이는 어떤 원수를 만나더라도 능히 물리칠 수 있는 힘을 가지고 있다. 그리고 신발을 신으면 당장 자신이 원하는 곳으로 단번에 날아갈 수 있다."

나그네는 두 귀신의 말을 듣고 귀가 솔깃해 상자와 지팡이 그리고 신발을 뺏기 위해 묘안을 생각해 냈다.

"지금 그대들은 이 물건들을 두고 잠시 서로 떨어져 있으라. 그

흔들리는 건 깃발이 아니라 바로 너의 마음이다

러면 두 귀신에게 골고루 나누어 주겠다."

귀신들은 나그네가 하는 말을 듣고 잠시 멀리 떨어졌다.

나그네는 신발을 신고 상자와 지팡이를 가지고 눈 깜짝할 사이에 하늘로 날아가 버렸다. 두 귀신은 놀랐으나 이미 나그네는 보이지 않았다.

그야말로 눈뜬 장님이 되고 말았던 것이다.

나그네가 두 귀신에게 크게 소리쳤다.

"너희들이 다투고 있는 물건들은 내가 가지고 간다. 이제 너희들은 다투지 않아도 될 것이다."

두 귀신은 그 자리에서 망연자실했다.

자신이 가지고 있는 것이 훌륭한 보배임에도 불구하고 지나친 욕심 때문에 오히려 자신의 보물조차 잃어버리게 된 웃지 못할 이야기이다. 어떤가? 무려 1,500여 년 전에 씌어진 이 우화가 지금도 우리에게 전해주는 교훈이 크지 않은가.

만약, 당신이 두 귀신처럼 보배로운 것을 지니고 있었다면 어찌했을까? 나그네가 꾀를 내어 두 귀신의 보물을 빼앗아 간 것은 남의 것을 탐하면 오히려 더 큰 것을 잃어버릴 수 있다는 경책이다.

이렇듯 『백유경』에 담긴 99가지 우화를 모두 읽어보면 마치 동화 같고 그 가르침은 문득 어리석은 인간의 뒤통수를 때린다. 그런데 왜 우리는 이러한 훌륭한 경이 있음에도 불구하고 이것을 들려주지 않는가. 오늘날 한국 불교계가 이러한 경을 제대로 해석하고 분석하여 그 속에 담긴 진리의 세계를 제대로 전하려 하지 않는다는 데에 그 원인이 있다.

덧붙이자면 세계적으로 가장 유명한 어린이 책은 이솝우화이다. 이것은 지금도 어른 아이 할 것 없이 가장 많이 읽히는 동화이다. 하지만 불교경전 『백유경』이나 『본생경』 『아함경』 등에 담긴 부처님의 말씀들도 이에 못지않은 많은 재미와 교훈을 던져주고 있다. 널리 이러한 경을 청소년 포교에 이용하면 점차 감소하는 불자들의 포교에 매우 유익할 것이다.

돈 많은 사람을 보면
다들 부럽다고 합니다.
물론, 부럽기도 하겠지만
나는 하나도 부럽지 않습니다.
돈이 없으면 조금은 불편하겠지만
그렇다고 돈이 전부는 아닙니다.
그들도 우리처럼 똑같이
하루 세 끼 먹고 삽니다.
하루하루 행복하게 사는 것이
우리에게 더 중요합니다.

인생은 변화한다

절에 있다가 보면 가끔 불자들이 인생 상담을 하러 올 때가 있다. 남편과 자식 문제, 고부간의 갈등이 대부분이다. 그런 분들을 보면 정말 안타깝다. 특히 남편이 외도를 하거나 잘못된 투자로 인해 돈을 날려서 괴롭다는 사연 등 별별 이야기들이 많다. 내가 그들에게 할 수 있는 말은 '인생만사 새옹지마(人生萬事 塞翁之馬)'이다. 인생에 관한 에피소드와 교훈, 예화들이 숱하게 많겠지만 이보다 더 중요한 예는 없다는 생각이 들어서 먼저 소개할까 한다.

중국 국경 한 변방에 살고 있는 노인에게 애지중지하던 말이 있었다. 그런데 어느 날 그 말이 국경을 넘어서 오랑캐 땅으로 달아나버렸다.

그것을 본 마을 사람들이 안타까워서 노인에게 이렇게 말했다.

"어르신, 기르던 말이 도망가서 얼마나 애가 타십니까?"

그러나 노인은 초연한 듯 "허허" 웃으면서 아무렇지도 않게 대답했다.

"말이 오랑캐 땅으로 도망을 갔지만 복으로 돌아올지 어찌 알겠나."

그로부터 몇 달이 지나자 수말이 암말을 데리고 국경을 넘어서 돌아왔다. 마을 사람들은 화가 복이 된 것을 보고 노인에게 축하의 말을 했다. 그런데 노인은 전혀 기뻐하지 않고 다시 이렇게 대답했다.

"말이 두 마리가 된 것은 좋은 일이지만 이게 또 화가 될지 어찌 알겠는가."

며칠 후 노인의 아들이 말을 타다가 떨어져서 다리가 부러지고 말았다.

마을 사람들은 아들이 크게 다친 것을 보고는 "노인의 말이 맞다"고 또 위로했다.

노인은 아랑곳하지 않았다.

"아들이 다친 것은 크게 화가 나지만 이게 복이 될지도 모르겠소."

얼마 후 북방의 오랑캐가 국경을 넘어서 쳐들어 왔다. 그러자

흔들리는 건 깃발이 아니라 바로 너의 마음이다

나라에서 곧 징집령을 내려 젊은이들을 데려갔다. 하지만 노인의 아들은 다리가 부러진 터라 징집에서 제외되어 전쟁에 나가지 않게 되었다.

결국 그의 아들은 위험에서 벗어나게 되었다.

여기에서 나온 고사성어가 바로 '새옹지마(塞翁之馬)'이다.

우리는 눈만 뜨면 수많은 일을 겪는다. 그러나 노인의 말처럼 눈앞에서 일어나는 오만 가지의 일들에 대해서 오직 결과만을 놓고 따진다면 사는 일이 고달플 수밖에 없다.

그러다가 오래 살지 못한다. 그저 그렇거니 하고 살라는 뜻이다. 잘되는 것도 못되는 것도, 일이 잘 풀리는 것도 안 풀리는 것도 바로 삶이다. 지금 자신이 겪고 있는 어려움이나 좋은 일에 연연하지 말고 그저 마음 가는 대로 하면 된다.

중요한 것은 마음가짐이다. 자신의 마음을 제대로 다스리지 못하면 어떤 일을 해도 잘되지 않는다. 자신이 처한 처지가 힘들고 어렵다고 해서 자꾸 힘들게 마음을 괴롭히면 오히려 더 큰 어려움이 뒤따라온다.

오히려 자신에게 찾아온 어려움을 받아들이고 어떻게 하면 헤쳐나갈 수 있을 것인가를 차근차근 준비하는 것이 우선이다.

나도 한때는 죽고 싶을 정도로 힘든 날들이 있었다. 그러나 지금은 과감하게 기존의 틀을 깨고 출가수행자로 살다 보니 참 잘

했다는 생각이 들고, 일말의 후회도 없다.

　우리는 오직 한 번밖에 없는 인생을 살아간다. 때문에 후회 하는 삶을 살면 안 된다. 옛 선사는 '수처작주(隨處作主)'하라고 했다. '어디를 가든 가는 곳마다 주인공이 되라'는 것이다. 자신에게 주어진 삶을 남에게 의지하지 말고 주체적으로 살라는 말이다.

　'하늘이 무너져도 솟아날 구멍이 있다'고 했다. 아무리 힘든 세상이라지만 뚫고 일어설 방법은 있다. 주어진 상황을 잘 살펴보면 나름대로 해법은 반드시 존재한다. 한번 흘러간 강물이 다시 돌아오지 않듯 인생도 그러하니 한번 온 인생 여한 없이 멋지게 살아가길 바란다.

　지금 조금 힘들다고 해서
　너무 아파하지 마세요.
　소낙비가 쏟아진 하늘이
　청아하고 더 맑듯이
　현재 겪고 있는 아픔은
　그저 당신에게 스쳐 지나가는
　한줄기 바람일 뿐입니다.

주어진 시간을 의미 있게 활용하라

일찍이 부처님은 이런 소중한 말씀을 하신 적이 있다.

"과거는 이미 지나갔고 미래는 아직 오지 않았으므로 지금 이 순간이 가장 중요하다."

누구나 좋은 기억과 안 좋은 기억을 갖고 있다. 그러나 대부분의 사람들은 좋은 기억보다는 안 좋은 기억을 더 많이 오래 지니고 살아간다. 어떤 사람들은 과거의 트라우마 때문에 고통을 받기도 한다.

부처님의 가르침은 안 좋은 기억은 빨리 잊어버리고 '지금 이 순간' 나에게 주어진 삶을 열심히 살라는 의미이다. 그래야만 행복한 내일을 맞이할 수 있다. 과거는 되돌릴 수 없는 시간이다. 내일이 행복해지려면 과거를 잊고 '지금 이 순간'을 헛되지 않게 보내면 된다. 그러나 말처럼 쉽지 않다.

옛날 어떤 스님은 하루해가 서산에 걸리면 대성통곡했다.

"아이고, 아이고! 오늘도 깨닫지 못하고 하루가 덧없이 지나가고 있구나."

스님의 대성통곡에는 무의미하게 하루를 보낸 것에 대한 참회와 아쉬움이 담겨 있지만 반드시 내일은 깨닫고 말겠다는 의미심장한 결의도 포함돼 있다.

스님들은 하루 일과를 일찍 시작하고 일찍 잠자리에 든다. 공동체 생활을 하는 수행자들은 기운이 왕성해지는 새벽 세 시에 예불을 올린다. 물론, 각자의 소임에 따라 기상시간은 다를 수도 있지만 새벽 3시가 예불시간으로 정해져 있고 저녁 9시가 되면 소등한다. 세속에서는 거의 불가능한 일과이지만 해인사나 통도사, 송광사 등 큰 절에서는 오랜 전통이다.

하지만 직장인들은 오전 9시부터 업무를 시작하고 밤 12시가 지나서 잠자리에 드는 일이 허다하다. 어떤 올빼미족들은 밤새도록 일하고 아침에 잠자는 이도 있고, 어떤 공장노동자는 주야간 교대로 일을 하기도 한다. 이런 와중에도 개인의 자기계발을 위해서는 적절한 시간 활용이 필요하다. 한번 지나간 시간은 다시 돌아오지 않기에 소중하게 사용해야 한다는 것이다.

특히 불교에서는 시간을 매우 소중하게 여기기 때문에 이와 관련된 단어들이 많다. 그중에 '찰나(刹那)'라는 표현이 있는데 아주 짧은 시간을 의미한다. 팽팽히 당긴 명주실을 날카로운 칼로 자르는데 드는 시간이 64찰나라고 한다. 1찰나를 현대적인 시간으로 환산하면 대략 75분의 1초이며 0.013초라고 한다. 불교에서는 찰나의 순간에 모든 존재가 생기기도 하고 없어지기도 한다고 말한다. 세상사가 찰나에 생멸한다니 얼마나 놀라운 일인가.

또한 시간을 의미하는 말에는 '순간(瞬間)', '순식간(瞬息間)', '별안간(瞥眼間)'이라는 단어도 있다. '순간'은 눈을 한번 깜빡하는 시간이고, '순식간'은 눈을 깜빡하고 숨을 한번 들여 마시는 시간이며 '별안간'은 눈이 좌에서 우로 돌아가는 시간이다. '삽시간(霎時間)'이라는 단어도 있는데 삽은 비가 떨어지는 시간으로서 하늘에서 빗방울이 떨어져 머리에 닿을 때까지 걸리는 시간이다. '촌각(寸刻)'이란 것도 있다. '일각(一刻)'은 15분이고 그것의 1/10이 '촌각'으로 약 1분 30초 정도이다.

불교에서는 왜 이런 단어들이 생겼을까? 인간이 사유할 수 있는 시간을 잘게 쪼개는 것은 사고의 폭이 그만큼 미세하고 폭넓은 결과로 볼 수 있지만, 시간을 잘 쪼개서 활용하라는 깊은 의미가 담겨 있다.

부처님의 말씀처럼 '지나간 강물은 다시 흐르지 않고 지나간 시간은 다시 돌아오지 않는다.' 마찬가지로 한번 지나간 인생도 되돌아오지 않는다. 그러므로 '지금 이 순간'은 일생일대에 단 한 번밖에 없는 시간이다.

그러니 하루가 얼마나 소중한 시간인가. 나를 위해서 시간을 아끼는 것은 당연하고 무의미하게 하루하루를 보내는 것은 낭비다. 이미 지나간 과거의 시간들을 후회해 본들 무슨 소용이 있겠는가. 중요한 것은 '지금 이 순간'이므로 오늘 하루를 알차고 의미 있게 보내면 된다. 행복은 과거와 미래에 있는 게 아니라 '지금 이 순간' 어떤 삶을 보내느냐에 따라 달라진다는 것을 명심하자.

오늘 아침 맞이한 하루는
나를 위해 쓰라고
온전하게 주어진
소중한 시간입니다.
당신은 무의미하게
보낼 건가요.
오늘이란 시간은
다시는 되돌아오지 않습니다.
재미있고 의미 있게 보내세요.

물 흐르는 대로 살자

합천 해인사에서 행자가 되면 제일 먼저 경내에서는 뛰지 말고 발바닥이 땅에 닿도록 걸으라고 교육시킨다. 가족과 친구 등 세속의 모든 인연들을 다 버리고 생사해탈을 위해 출가했기 때문에 급할 것이 하나도 없다는 뜻이다.

그래서 행자들은 정식 스님이 되는 비구계를 받기 전까지 걸을 때는 항상 앞으로 두 손을 모으는 '차수(叉手)'를 하고 다닌다. 이것은 '과거의 나를 내려놓고 지금의 나를 조용히 돌아보라'는 수행의 한 방편이다.

세속의 일에 쫓겨 다니지 말고 출가자가 되었으니 이제는 자신의 마음을 잘 살피면서 물 흐르는 대로 살라는 깊은 의미도 담겨 있다. 비단 출가자뿐만이 아니라 세속 사람들도 인연을 따라 살

흔들리는 건 깃발이 아니라 바로 너의 마음이다

필요가 있다. 좋은 일이 생기는 것도 나쁜 일이 오는 것도 다 인연의 결과물이므로 애써 막지 말고 물 흐르는 대로 살면 전화위복이 된다.

얼마 전 내가 거처하는 절에 상담하러 오신 거사님이 있었다. 그는 꽤 큰 사업을 하고 있었는데 한눈에 봐도 얼굴에 병색이 완연했다. 위암 3기였다. 그런데 정작 병이 깊어진 이유는 다른 데 있었다. 하루는 아랫배가 몹시 아프고 설사가 자주 나서 병원에 갔다. 그는 평소에도 자주 배가 아팠지만 하는 일이 많고 바빠서 몸이 아픈데도 불구하고 병원 가는 일을 차일피일 미뤘다고 한다.

의사는 상태를 보더니 심각하게 말했다.

"아무래도 종합진료를 한번 받아야 할 것 같습니다. 언제가 좋을까요?"

의사의 말에 거사는 우왕좌왕했다. 약속과 일이 많아서 종합진료 날짜조차 제대로 잡을 수가 없었던 것이다.

의사는 황당해서 나무라듯 말했다.

"환자님. 당신의 몸은 지금 일을 할 수 없을 정도로 망가져 있단 말입니다. 도대체 일을 위해 사시는 거요? 당장 몸이 아파도 병원에 오지 않겠다는 말입니까?"

그제야 거사는 의사의 말을 듣고 진료날짜를 잡았다. 하지만

이미 위암 3기였다. 다행히 수술이 잘 되어서 지금은 회복 단계
에 있다. 만일 그때 발견하지 못했더라면 이미 산목숨이 아닐
것이다.

혹시 당신도 그와 같지 않은가.

지금부터 하나의 가설을 세워보자. 어느 날 당신이 죽어서 저
승에서 염라대왕을 만났다.

"그대는 사바세상에서 무슨 일을 하다 왔소?"

"아, 저는 죽도록 일만 하다가 왔어요."

만약, 이렇게 대답하는 경우가 생긴다면 당신은 억울할까? 기
쁠까? 몇 년 전 많은 관객을 불러 모았던 영화「신과 함께」시리
즈는 다분히 이런 소재를 다루고 있다.

영화는 인간이 저승에서 각기 다른 지옥을 경험한다는『불설수
생경(佛說壽生經)』을 기반으로 하고 있다. 불교세계관을 바탕으로
사후 49일 동안 7번의 지옥재판을 무사히 거쳐야만 환생할 수 있
다는 전제로 이야기가 전개된다. 저승이 끝이 아니라 새로운 삶
의 시작인 셈이다.

화재현장에서 죽음을 맞이한 소방관 '자홍'은 저승에서 치르는
7번의 재판동안 그를 변호하고 호위하는 삼차사인 '강림', '해원
맥', '덕춘'을 만나 이 모든 과정을 겪게 된다. 살인, 나태, 거짓,
불의, 배신, 폭력, 천륜 7개의 지옥재판을 통해 사는 동안 지은
크고 작은 죄들을 알아가는 '자홍'의 여정을 따라가다 보면 그를

응원하는 것은 물론 관객 모두가 자신의 삶을 되짚어 보는 기이한 경험을 하게 된다.

'자홍'의 이야기에서 모든 인간이 겪는 죽음과 삶, 그 경계에서 인간의 삶을 관통하는 희로애락을 다시금 떠올면서 우리는 자신을 투영하게 된다.

'자홍'이 주는 공감과 더불어 삼차사의 활약은 영화에 또 다른 활력을 불어넣는다. 저승 삼차사들은 49명의 망자를 환생시켜야만 환생을 보장받을 수 있기에 '자홍'의 재판에 모든 노력을 쏟아 붓는다. 그러나 망자를 변호하고 호위했던 그들조차 재판 때마다 만나는 고난과 숙제는 어렵고 그로 인해 시행착오를 겪는다. 또한 자홍의 재판을 어지럽히는 원귀가 출현하면서 차사들은 저승과 이승을 동시에 오간다. 그들이 선보이는 신선한 이야기가 흥미진진하다.

영화의 흥행 요건에는 3차원의 영상도 한 몫 했지만 보다 궁극적인 요인은 모두가 궁금해 하지만 알 수 없었던 사후세계를 다뤘기 때문일 것이다. 미지 세계에서 재판을 받은 인간의 모습을 영상으로 접하는 것은 신이(神異)스럽다. 우리가 어떻게 살아야 하는가를 직접적인 영상을 통해 보여주기 때문일 것이다.

저승에서 염라대왕이 물었을 때 "죽는지 사는지 모르고 일만 하다가 왔다"고 대답하게 된다면 얼마나 억울하고 슬플까? 지금 무엇을 위해 일을 하고 있는지도 모르고 일만 하다가 생을 마감

한다면 그 삶은 또한 얼마나 억울할까?

우리가 세상에 와서 가지고 갈 것이라고는 자신이 한 일에 대한 인과의 업보만 남는다. 얼마나 많은 사람들에게 자비를 베풀었는지, 얼마나 많은 이들에게 악행을 저질렀는지 그 업의 무게는 이승에 사는 사람들의 뇌리에도 남고 저승으로도 전해진다.

그러므로 부지런히 선업을 닦고 닦아 내일 죽어도 후회 없는 삶을 사는 것이 중요하다. 일 속에 파묻혀 살다가 느닷없이 황망하게 생을 마감하는 일은 생각만 해도 끔찍하다. 저승에서 언제 어디서 어떻게 오라고 해도 기쁘게 오늘을 정리하는 마음으로 사는 게 바로 행복한 삶이다. 당장 행복하고 즐겁게 사는 것이 매우 중요하다. 그래야만 후회가 없다.

인간의 서글픔 중의 하나가 나이 듦을 느낄 때다. 어느 순간 뒤를 돌아보면 성큼 늙어버린 자신을 발견하고는 낙심한다. 하지만 이 또한 거스를 수 없는 과정임을 알고 받아들여야 한다. 흐르는 시간에 순응해 즐겁고, 행복하게, 후회 없이 최선을 다해 살아가는 삶이 최상의 삶이 아니겠는가.

그럴 자신이 없다면 수행자처럼 물 흐르는 대로 인생을 받아들이는 것도 좋다. 스스로 병을 키우지 말라.

부처님 팔만 사천 법문이

모두 인간이 잘 살라고 말씀하신 것인데

어디 수행이 따로 있나?

어려운 사람들하고

함께 사는 것도 다 수행이지.

수행 중에 최고의 수행이 인간 방생이라네.

그러니 수행으로 생각하고 열심히 생활하게나.

- 활산당 성수스님 -

장수하고 싶다면 마음을 잘 다스려라

대승경전인 『금강경』에 보면 깨달음을 얻어서 부처가 되려면 '사상(四相)'을 경계하라고 나와 있다. 여기에서 '상'이란 우리가 인식하고 있는 소견, 번뇌 또는 생각이 어떤 고정된 형상처럼 마음속에 변하지 않고 자리하는 것을 말한다.

그리고 '사상'에는 '아상(我相), 인상(人相), 중생상(衆生相), 수자상(壽者相)'이 있다. 나라는 존재는 법계의 일부분인데 사람들은 이를 알지 못하고 마치 자신이 우주 법계에서 벗어나 혼자라고 생각하고 있다. 이로 인해서 '사상'이 발생한다고 본다. 그래서 불교에서는 '사상'을 없애야만 깨달음을 얻어서 보살이나 부처가 될 수 있다고 한다. 따라서 성불(成佛)의 가장 큰 장애 요소가 바로 이 '사상'이다.

흔들리는 건 깃발이 아니라 바로 너의 마음이다

간략하게, 소개하면 '아상'은 자기가 최고라고 생각하는 것, '인상'은 너는 너, 나는 나라고 나누는 것, '중생상'은 재욕, 식욕, 색욕, 명예욕, 수면욕 등 다섯 가지의 즐거움에 빠진 중생이 가지고 있는 것, '수자상'은 생명은 반드시 죽는다는 것을 인식하지 못하고 영원한 수명을 누리고자 하는 것 등이다.

그럼, 인간은 무엇 때문에 '사상'을 버리지 못하고 있을까. 그것은 나에 대한 집착과 상대에 대한 지나친 인식으로 인해 스스로가 만들어 내는 번뇌가 원인이다. 이것이 마음에 쌓이면 병이 되고, 급기야 육신의 병으로 이어지게 된다. 그런데 인간은 이러한 한 것들을 알려고도 하지 않고 오직 '사상'에만 집착해 병을 더 키우고 있다.

예를 들어, 인간의 '수자상'에 대해서 살펴보자.

미국의 루실 로버츠는 오래 살기 위해 광적으로 운동을 많이 했던 인물이다. 그런데 그는 불과 59살의 나이에 폐암으로 사망했다.

또한 피트니스 산업의 개척자이며 베스트셀러 『달리기에 관한 모든 것』을 쓴 짐 픽스는 하루에 16Km씩 달리면서 식단을 파스타, 샐러드와 과일만을 먹었지만 불과 52세의 나이에 심장마비로 길가에서 죽었다.

과연, 이들의 죽음은 무엇을 말하고 있는가. 그 누구도 죽음을 제어할 수 없음을 알 수 있다. 자연스럽게 늙는 것도 행복이다. 그런데 남보다 젊어지려고 혹은 오래 살려고 남이 하지 않는 과도한 운동을 하거나 살아있는 짐승을 죽여서 보약으로 먹는 행위는 오히려 몸에 더 많은 해를 끼친다. 그렇다고 해서 남보다 더 오래 산다는 보장도 없다.

이 세상에 영원한 것은 하나도 없다. 돈도, 지식도, 명예도, 자식도 소용이 없다. 죽고 나면 그뿐인데도 인간은 어리석게 자신만은 영원히 살 것처럼 생각하고 오래 살기 위해 온갖 나쁜 일들을 벌인다. 이로 인해 마음에 상처를 입고 결국에는 육신에 병이 생겨서 일찍 죽기도 한다.

그럼, 우리는 어떻게 살아야 잘 사는 것일까. 단 하나뿐이다. 남에게 해를 끼치지 않고 자신에게 주어진 대로 살면 된다.

마치 봄이 오면 봄에 맞는 옷을 입고, 여름이 오면 여름에 맞는 옷을 입고, 가을이 오면 가을에 맞는 옷을 입고, 겨울이 오면 겨울에 맞는 옷을 입고 살면 된다. 세상의 흐름대로 몸을 맡기고 살면 된다. 이것이 행복하게 사는 비결이다. 순리를 억지로 다스리려 하지 말라는 뜻이다.

옛 스님들은 '더우면 더운 대로 추우면 추운 대로 살면 된다'고 했다. 몸과 마음을 자신의 그릇에 맞지 않게 함부로 하다 보면 오히려 마음의 병이 되어 급기야 육신마저 병들게 된다. 그러므로 내 몸에 역행하는 지나친 운동이나 식이요법은 오히려 자연

흔들리는 건 깃발이 아니라 바로 너의 마음이다

스럽게 늙는 것에 대한 지나친 과욕이 아닐까 싶다.

의학서 『건강의 배신』을 쓴 바버라 에런 라이크는 다음과 같이 말한 적이 있다.

"몸속에 약간의 불량 세포만으로도 목숨을 잃을 수 있는 마당에 식단을 정밀하게 관리하고 러닝머신 위에서 시간을 보내는 것이 무슨 의미가 있겠는가. 비싼 첨단의료기기로 몸을 치료하는 것도 지나치게 건강검진을 하는 것도 더 이상 필요하지 않을지도 모른다."

그는 비싼 최첨단시설로 몸을 치료하는 것을 반대하고 있다. 심지어 건강검진조차도 필요 없고 예방의료마저 거부한다. 나는 여기에 전적으로 동의하지 않지만 이 말에 주목할 필요는 있다고 생각한다.

그의 주장은 몸에 찾아오는 일반적인 병은 현대의학으로 치료하되, 늙어서 자연스럽게 찾아오는 생로병사를 그대로 받아들이는 것도 자연스러운 일이라는 것이다. 죽어도 괜찮을 만큼의 나이가 들었음을 스스로 깨닫는 늙음은 아름답다. 그렇지 않고 늙지 않으려고 생명을 더 연장하려는 행위는 그저 고통스러운 시간의 연속임을 말하고 있는 것이다.

지금 우리는 늙어가고 있다. 행복하게 오래 살려면 자신에게 주어진 일을 하면서 가족과 이웃사람들과 그저 즐겁게 보내면 된다. 오래 살기 위해 너무 많은 노력을 하지 말라.

인간은 정해진 운명대로
산다고 하지요,
그런데 자신의 운명을 아는
사람은 아무도 없습니다.
자기 자신도 모르는데
누가 나의 운명을 안다고 합니까.
그저 물 흐르는 대로
주어진 대로 열심히 살면
저절로 수명도 늘어납니다

모든 일은 마음에 의해 만들어진다

절집에서는 '일체유심조(一切唯心造)'라는 말을 자주 쓴다. 무슨 일이든 '마음먹기에 달려 있다'는 뜻이다. 어떤 학자들은 주관적인 요소와 객관적인 요소가 합치되어야만 일도 제대로 이루어지는데 어떻게 세상의 일들이 "마음먹기에 따라서 이루어지느냐"고 해서 이를 '주관적 관념론'이라며 애써 부정하기도 한다. 물론 꽤 설득력이 있는 말임은 분명하다.

그러나 '일체유심조'는 주관적 관념론이 아니라 개인의 의지와 신념이며 실천적인 생각이라는 점에서 그 의미는 확연하게 다르다. 올바른 뜻은 '모든 현상은 마음이 작용하여 만들어 낸다.'이다. 무슨 일이든 목표를 세우고 확고한 의지를 가지고 꾸준히 노력하면 이루지 못할 일은 없다는 말이 더 정확하다. 마음먹기에 따라서 모든 결과가 다르게 나타나기 때문이다.

또한 '일체유심조'는 수행자가 확고한 신념을 갖고 열심히 정진하면 깨달음을 얻어서 반드시 성불할 수 있다는 믿음을 가지게 하는 말이어서 오래전부터 불가의 화두가 되었다. 이에 대해 『삼국유사』에 실린 일화를 소개하면 다음과 같다.

원효스님이 중국 당나라로 유학을 떠났다.

어느 날 밤, 날은 덥고 몸은 지쳐서 산속에서 노숙하게 되었다.

컴컴한 어둠 속에서 갈증을 느낀 원효스님은 문득 손을 뻗었는데

웬 바가지가 손에 잡혀서 그 속에 든 물을 달디 달게 마셨다.

다음 날 아침 원효스님이 눈을 떴다.

그런데 사방에 해골들이 있고 자신이 마신 물이

해골 속에 든 물이었음을 알았다.

순간 원효스님은 뱃속이 이글거려 결국 토하고 말았다.

간밤에 마셨던 꿀맛 같았던 물이 해골 속에 담긴 것이었다는

사실을 안 순간 그만 토악질이 일어났던 것이다.

그때 원효스님은 '모든 것은 마음먹기에 달렸다'는 것을 깨닫고

당나라 유학을 포기하고 다시 신라로 돌아갔다.

만약, 어둠 속에서 원효스님이 갈증에 겨워서 물을 마신 뒤 길을 그냥 떠났다면 어떻게 되었을까? 그 물은 갈증 난 목을 축이

게 한 물에 지나지 않았을 뿐 '일체유심조'와 같은 큰 깨달음을 얻지는 못했을 것이다. 스님이 무덤가에서 마신 물은 단순한 물이 아니라 진리의 물이었다.

그길로 원효스님은 유학을 중단하고 다시 신라로 돌아와서 열심히 공부하여 '대도(大道)'를 얻은 뒤 신라 땅에 부처님의 가르침을 널리 전하면서 중생을 제도했다. 이와 달리 의상대사는 당나라로 유학하여 '화엄학(華嚴學)'을 공부해 신라에 '화엄종(華嚴宗)'을 꽃피웠다. 이렇듯 세상의 모든 일은 마음에 달려 있는 게 아닐까?

두 스님은 각자의 길을 떠나서 마침내 위대한 원력을 성취했다. 누가 더 잘하고 못했다고는 볼 수 없다. 그들은 "세상일은 뜻하는 대로 이루어진다"는 진리를 몸소 실천하여 훌륭하게 자신이 원하는 바를 이루었던 것이다.

우리는 누구나 부처님과 같은 불성(佛性)을 지닌 존재로 태어났다. 무슨 일이든지 노력하면 해낼 수 있는 능력을 누구나 가지고 있다. 우리는 이러한 불성을 가지고 있음에도 불구하고, 자신이 듣고 보는 것만 믿으려는 나쁜 속성들을 동시에 가지고 있고, 무명(無命)번뇌로 인해 어리석은 중생으로 살아가고 있다. 그러다 보니 탐하는 마음, 성내는 마음, 어리석은 마음으로 인해 자신의 생각만 옳다는 편협한 사고에 갇혀 있다. 자신의 불성을 찾으려면 독이 되는 이 세 가지 마음을 걷어내야 한다.

무명은 구름에 갇힌 마음이다. 이것은 마치 하늘에 밝은 태양이 떠 있는데 구름에 가려 태양을 보지 못하는 경우와 같다. 수행자의 본분은 무명을 걷어내고 잃어버린 불성을 찾기 위해 수행하는 데에 있다.

원효스님이 해골에 고인 물을 보고 '일체유심조'를 깨달은 후 유학을 포기하고 돌아와 중생을 제도한 것이나 의상대사가 유학을 떠나 '화엄학'의 꽃을 피운 것은 모두 자신의 마음이 그대로 작용했기 때문이다.

이처럼 세상일은 어느 것이 올바른 삶이라고 규정할 수는 없다. 다만, 꽃의 색깔이 다르듯이 저마다의 색깔대로 살아가면서 자신만의 꽃을 피우면 된다.

들판의 야생화는 똑같은 형태로 꽃을 피우지 않는다. 영양소를 많이 받은 꽃은 많은 꽃송이를 피우고, 영양이 부족한 꽃은 적은 꽃송이를 피운다. 어느 꽃이 더 아름답다고 할 수는 없다. 꽃을 피우는 그 자체가 아름답다.

우리는 어디서 왔는지 모르고 어디로 갈지도 모르는 인생을 살고 있다. 그러나 일단, 한 번 온 삶에 대해서는 나름대로의 목적의식을 가지고 의미 있게 살 필요가 있다. 이것은 어쩔 수 없는 숙명이다. 불성을 지니고 있는 사람은 누구나 마음먹기에 따라서 성공과 실패를 할 수 있지만 그 열쇠는 당신이 가지고 있는 마

흔들리는 건 깃발이 아니라 바로 너의 마음이다

음을 어떻게 잘 다스리는가에 달려 있다.

　"탐내지 말고, 속이지 말며
　갈망하지 말고, 남의 덕을
　가리지 말며, 혼탁과 미혹을 버리고
　세상의 온갖 애착에서 벗어나
　무소의 뿔처럼 혼자서 가라"
　『숫타니파타』

진수성찬도 배부른 이에게는
필요 없는 음식

'백중(白中)'은 음력 7월 15일이다. 과실과 채소가 많이 나와 백 가지 곡식의 씨앗[種子]을 갖추어 놓았다고 하여 민간에서는 '백종(百種)'으로 부른다.

절집에서는 부처님 제자였던 목건련존자가 어머니의 영가를 천도하기 위해 7월 15일에 '오미백과(五味百果)'를 공양했다는 고사에 따라 '우란분회(盂蘭盆會)'를 열어 공양을 올렸다.

불교경전인 『목련경』의 「우란분경」을 보면 부처님은 살아있는 부모나 조상들을 위해 자신의 잘못을 뉘우치고 참회하는 의식인 '자자(自恣)'를 끝내고 청정해진 스님들에게 밥 등의 음식과 다섯 가지 과일, 향촉과 의복으로 공양하라고 했다. 목련존자는 부처님의 신통력으로 어머니가 아귀(餓鬼)지옥에서 고통받는 모습을 보고 부처님께 어머니의 천도를 간절한 마음으로 청했다.

이후부터 절집에서는 '자자'를 끝내는 날에 '우란분회'를 올리는 것이 전통이 되었다. 중국에서는 양(梁)나라 무제 때 '동태사(東泰寺)'에서 처음으로 '우란분회'를 지냈다고 하며, 당나라 초기에 크게 성하다가 민간풍습으로 점차 확대되었다.

우리나라에서도 이때부터 성행하여 백중날이 되면 전국 사찰에서 백중맞이 49재를 지내는데 절에서는 백중기도를 한 뒤 부처님 전에 모인 쌀을 어려운 이웃들에게 보시한다.

이것은 도반스님이 내게 들려준 이야기이다.

도반스님은 백중에 부처님 전에 모인 많은 공양미를 보고 고심에 빠졌다.

"평소에는 주민센터를 통해 불자 가정이 아닌 이웃에게 쌀을 보냈는데 올해는 우리 신도님들이 그 혜택을 누릴 수 있도록 해야겠어. 모두 좋아할 거야."

스님은 기도대장에서 신도들의 주소를 찾아서 형편이 어려운 곳에 공양미 한 포대씩을 택배로 보냈다. 의미 있는 일이라고 생각한 스님은 쌀을 보내 놓고 며칠 동안 뿌듯한 마음으로 지냈다.

일주일이 훌쩍 지나자 신도들이 찾아왔다. 저마다 감사인사를 하러 왔을 거라고 생각하고 스님은 차를 대접하려고 준비하고 있었다.

한 신도가 스님에게 삼배를 하고 앉았다. 그의 눈가에 눈물이 약간 맺혀 있었다.

"스님, 너무 고마웠습니다. 저희는 작년부터 어려움이 있었어요. 애기 아빠가 40대 중반인데 벌써 명퇴를 했지 뭐예요. 남편은 명퇴사실을 가족에게조차 알리지 않고 아침에 출근하고 저녁에 돌아왔습니다. 나이도 있고 해서 취업자리를 얻는 게 만만치 않았던가 봐요. 남편은 고심하다가 결국 저에게 털어놓았어요. 둘이서 울었어요. 지금은 재취업을 위해 학원에 다니고 있고 수입이 없는데 때마침 스님께서 쌀 한 포대라도 보내 주셔서 너무너무 고마웠어요."

스님은 신도의 말을 듣고 큰 보람을 느꼈다.

그런데 또 다른 신도가 스님을 찾아왔다. 그 집 상황은 첫 번째 신도와는 전혀 딴판이었다.

"스님, 이번 백중기도에 쌀 열 포대를 보시했는데 저희 집에 쌀 한 포대가 배달됐어요. 뭐 잘못된 거 아니에요? 시골에 땅이 좀 많아 임대를 주었는데 일 년에 꼬박 꼬박 50포대씩 들어와요. 그래서 부처님 전에 공양미로 10포대를 매년 올리고 있는데 어째서 저희 집에 쌀 한 포대만 배달됐는지 궁금하네요."

스님은 "아차!"하는 생각이 들었다. 아무리 귀하고 좋은 것도 적재적소에 전해져야 그 빛을 발하기 마련인데 '부잣집에 한 가마의 쌀을 전해주는 일보다 가난한 집에 쌀 한 되를 전해주는 게 더 복된 일이다'는 것을 깨달았다.

금융감독원에 따르면 2018년도 우리나라 은행의 총 예금 잔고가 528여조 원이라고 한다. 그런데 예금자의 1%가 총 예금액의 45%를 보유하고 있다고 어느 신문이 보도했다. 은행권 개인고객 (법인 제외) 예금액 중 상위 1% 고객이 전체의 절반 가까이를 차지한다는 것이 문제이다.

우리는 부의 분배가 공평하지 못한 세상을 살고 있다. 아직도 많은 사람들이 물질적 빈곤에 허덕이고 있는 게 현실이다. 이런 시대에 서로 나누고 보시하는 행위는 힘들게 살아가는 사람들에게 큰 힘이 될 수 있다.

'작은 공덕이 쌓여 큰 공덕을 이룬다.'

우리가 세상에 태어날 때도 빈손이요
갈 때도 빈손임을 잊지 말라.
가지고 가는 것은 오직
이 생에서 쌓은 선업과 악업일 뿐이다.

탐진치 삼독(三毒)을 버려라

인간이 세상을 살아가는데 필요한 것들은 그다지 많은 돈도 아니며 고래등 같은 집도 아니다. 의식주를 해결할 돈과 여윳돈 등 적은 재물만 있어도 된다. 지금도 지구상에는 음식과 맑은 물이 없어서 아프리카의 어린이들처럼 병든 채로 죽어가는 사람들이 너무나 많다. 나는 그들을 보면 심히 마음이 아프다.

우리나라는 어떤가. TV만 보면 어떻게 돈을 벌어서 갑부가 될 것인가 하는 내용이 대부분이다. 물론 성실하게 노력해서 부자가 되는 것도 좋겠지만, 그런 내용을 방영하는 방송사의 속내가 의심스럽다. 누구든지 그렇게 하면 부자가 될 수 있다는 뜻이 내포돼 있기 때문이다.

나는 그런 프로그램들을 보면 물질만능에 찌든 현대인들의 모습을 보는 것 같아서 마음이 착잡해진다. 돈이 많으면 정말 행복해질까. 정말 그럴까? 어쩌자고 나는 깨달음이 도대체 무엇이기에 수행자가 된 걸까.

돈은 없는 것보다 있는 것이 좋다고들 한다. 돈이 없으면 불편한 것이 사실이다. 당장 나부터도 그렇다. 부처님께 올릴 공양미를 사야하고 초를 사야하고 전기세도 내야하고 공양도 해야 한다. 그렇다고 많은 돈은 필요 없다. 그저 적당히만 있으면 된다.

우리가 사는 세상은 서로가 욕망을 부추긴다. 싸우는 며느리보다 말리는 시어머니가 더 무서운 세상이라고 하지 않는가. 방송에서 말하는 그들이 진짜 갑부일까? 겉으로 보이는 세상과 속으로 들여다본 세상은 전혀 다르다. 선정적이고 말초적이며 오직 물질에만 초점을 맞추고 있는 방송사들도 한심하다.

우리가 살고 있는 이 세상은 지금 탐진치 삼독으로 인해 병들어가고 있다. 여기에서 '탐'은 탐욕이요. '진'은 화냄이요. '치'는 어리석은 중생의 마음이다. 오죽하면 불교에서는 이 세 가지를 뱀의 독에 비유했을까 싶다.

인간이 어리석은 이유도 삼독 때문이다. 한 번쯤 우리의 역사를 뒤돌아보라. 두 명의 전직 대통령이 감옥에 간 것도 어쩌면 개인의 욕심 때문이지 않은가.

『법구경』에는 '소가 물을 먹으면 우유가 되고 독사가 물을 먹으면 독이 된다'고 비유하고 있다. 명예와 권력과 재물을 올바른 정신을 가진 사람이 지니면 세상을 풍요롭게 할 수 있지만 반대로 악한 사람이 가지면 세상을 악의 구렁텅이로 빠뜨릴 수 있다.

아직도 사람들은 재물에 대한 욕심을 버리지 못하고 모으기에만 혈안이 되어 있다. 마음이 편해지려면 마음을 비우고 내리고 욕심을 버려야만 한다. 즉 '방하착(放下着)'하라는 것이다. 깨달음을 구한 선지식들이 욕망을 가장 경계했던 이유도 이 때문이다.

1980년 초까지 양산 통도사 극락암에는 대선지식인 경봉스님이 계셨다. 그분이 평소 강조하셨던 명법문이 있다.

"인간이 재물에 많은 욕심을 부리지만 죽을 때 입는 수의에는 주머니가 없다."

우리는 저승 갈 때 명예도 권력도 재물도 어느 것 하나 가져가지 못한다. 그런데 왜 우리는 욕망에 집착하는가.

무소유를 주창하신 법정스님께서도 이런 말을 했다.

"무소유란 아무것도 갖지 말라는 것이 아닙니다. 최소한 가질 만큼 가지되 넘치지 않게 가지라는 것입니다."

우리는 경봉스님의 법문처럼 저승 갈 때 입는 수의에는 주머니가 없고, 법정스님의 무소유처럼 욕심을 버려야 한다. 그렇지 못하면 인간의 업은 자신도 모르게 산처럼 쌓이게 된다.

욕망은 고통과 비례하고 행복과는 반비례한다. 재물에 욕심이 많으면 많을수록 거기에 따르는 고통도 크다. 이처럼 인간이 만든 욕망의 항아리는 채워도 채워지지 않는 밑 없는 독과 같다.

우리 마음도 그와 같다. 마음속에 든 욕망의 항아리를 깨끗이 비운다면 언젠가는 반드시 복이 가득할 것이다.

여기 한 개의 항아리가 있다.

물을 가득 채우면 넘쳐서 흘러내리듯

마음에 욕심이 가득한 사람은

채울 것이 없기 때문에

그 무엇으로도 다 채울 수가 없다.

항아리도 비워두어야

채워야 할 공간이 생기듯이.

빈 곳을 채우는 과정에서 행복이 온다.

이미 채워진 곳에는

더 채워야 할 빈 곳도 행복도 없다.

3부

내려놓고 비우고 버려야
행복해진다

씨앗은 만물의 우주입니다.
싹은 그냥 트는 것이 아니라
공기와 물이라는
알맞은 인연을 만나야만 합니다.

베풀면 돈이 온다

사랑에 집착하면 떠나가듯이 집착하면 할수록 도망가는 것이 바로 돈이다. 알고 보면 돈은 강한 에너지가 있다. 열심히 일을 하다 보면 자신도 모르게 돈이 쌓이지만 반대로 벌기 위해 일을 하면 오히려 달아나기만 하는 것이 돈이다. 항아리도 비워 두어야 채울 곳이 있듯이 넉넉한 마음으로 일을 하면 자연스럽게 곳간도 채워지는 법이다. 사람들은 이를 모르고 점점 바보가 되고 돈의 노예가 되어간다.

요즘 주위를 둘러보면 돈을 많이 가지고 있음에도 오히려 죽고 싶다는 사람들이 더러 있다. 왜 그럴까? 사실, 돈이란 것은 아무리 많이 있다고 해도 그걸 제대로 쓰지 못하면 오히려 더 나쁜 결과를 초래한다. 그래서 돈을 요물이라고 하는 것이다.

사람들은 늘 돈벼락 맞는 꿈을 꾼다. 그런데 정작 많은 돈을 벌면 그것을 어디에 써야 할지도 잘 모른다. 겨우 먹어봤자 세끼 밥이요 좋은 옷에 불과하다. 나아가 남들보다 조금 더 좋은 집에서 몸을 눕혀봤자 거기가 거기이다. 그저 한목숨 살다 가면 그뿐이라는 걸 모르는 것이다.

한번은 절에 자주 오시는 신도가 하도 돈 타령을 하기에 물어보았다.

"자네는 만날 때마다 돈타령을 하는데 왜 그런가?"

그녀의 남편은 공무원이다. 비록 직급은 낮아도 30년 정도 공직에 있었으니 크게 잘 살지는 못해도 여유도 있고 자식들도 잘 살고 있다. 그런데 입에 달린 말이 '돈'이다.

"왜라니요. 돈이 많이 있으면 좋잖아요. 스님께 보시도 많이 할 수 있고."

그런 소리를 들으면 어이가 없다. 물론 돈이 없으면 좀 불편하다. 하지만 폼나게 살지는 못해도 남에게 해를 끼칠 정도만 아니라면 그것도 복이다.

"그런 마음으로 보시하면 차라리 안 받겠네. 적은 보시라도 정성만 있으면 되네. 앞으로 제발 내 앞에서 돈타령 좀 하지 말게. 오는 복도 도로 도망가겠다."

그쯤 되면 그 신도의 입이 삐죽거린다.

로또 1등에 당첨되는 것을 원하지 않는 사람은 없다. 그런데 당첨된 사람이 행복해졌다는 기사는 찾아보기 힘들다. 왜 그럴까? 심리학자들은 돈이 없던 사람이 갑자기 돈벼락을 맞으면 자제력을 잃어버리게 된다고 한다. 그로 인해 낭비가 급속하게 늘고 과시욕이 생겨서 소비조절이 되지 않고 돈의 개념이 사라져 관리할 능력이 안 되기 때문이라고 한다. 그러다가 어느 날 돈이 점점 줄어들게 되면 그로 인한 불안심리가 가중되어 마침내 그 이전의 상태로 돌아가기가 힘들어진다. 이상하게도 또다시 돈벼락을 맞을 것 같은 꿈을 꾸게 된다. 마치 도박 중독과 같다고 한다.

열심히 일해서 모은 돈과 갑자기 로또처럼 떨어진 돈의 가치는 비교조차 할 수 없다. 내가 어떻게 해서 번 돈인데 함부로 쓸 수 있겠는가. 그런데 힘들지 않고 굴러들어온 돈은 가치가 없기 때문에 함부로 쓰게 된다. 이렇듯 돈이란 것은 있으면 좋지만 넘치게 많다 보면 오히려 불행해질 수 있다.

나도 출가 전 연예인으로 활동하던 시절, CF 등을 통해 많은 돈을 벌어 봤지만 그렇다고 생활이 나아진 것이 없고 오히려 사는 게 더 힘들어졌다. 씀씀이가 헤픈 것도 있었지만 그걸 갈취하기 위해 노리는 사람들도 많았다. 남은 것이 아무것도 없었을 때 세상에 대해 원망을 많이 했다. 지난 후 생각하면 그 누구의 탓이 아니라 관리하지 못한 내 탓이 더 컸다. 그래서 지금도 신도들에게 이런 말을 곧잘 한다.

"돈을 너무 좇지 말라. 돈이 나를 따라오게 하라. 그렇게 하려면 어떻게 해야 하는가. 남을 위해 살면 된다. 남에게 베풀다가 보면 자연스럽게 돈도 따라온다."

내가 신도들에게 이런 소리를 하면 도무지 믿지 않는다. 그럴 때마다 '지옥과 극락'에 대한 재미있는 불교설화를 들려준다.

'어떤 사람이 죽어서 지옥과 극락을 둘러보게 되었다. 지옥에 사는 사람들 앞에는 맛있는 음식들과 긴 숟가락이 놓여 있었다. 그런데 이상하게도 그곳에 있는 사람들은 피죽 한 그릇 못 먹은 것처럼 피골이 상접해 있었다. 지옥 사람들은 긴 숟가락으로 자신의 입에만 음식을 넣으려고 하다 보니 모두 흘려버리고 정작 한 톨도 먹지 못해서 살가죽과 뼈가 맞붙을 정도로 말라버린 것이다.

어떤 사람은 다시 극락에 갔다. 그곳에도 맛있는 음식과 긴 숟가락이 놓여 있었는데 모두 얼굴에 윤기가 나고 복스럽게 보였다. 극락 사람들은 긴 숟가락으로 서로의 입에 음식을 떠먹여 주다 보니 제때 밥을 배불리 먹어 얼굴에 윤기가 날 수밖에 없었다.

그 순간 어떤 사람은 크게 깨달았다. 지옥과 극락은 사람의 마음이 만들어 내는 풍경이라는 것을.

신도들에게 이 설화를 이야기했더니 모두 눈이 둥그레졌다. 자신이 부자가 되려면 극락에 있는 사람들처럼 남에게 베푸는 마음을 가지면 된다고 했다. 돈은 욕심만 가진다고 해서 오는 게 아니다. 그렇게 해서 들어오는 돈은 일시적일 뿐, 영원히 내 것이 될 수 없다. 돈에도 에너지가 있다. 부자가 되려면 먼저 자신이 에너지를 갖고 있어야 한다. 이 에너지가 바로 재물운이다.

욕심이 가득한 사람은
날마다 지옥이고
행복이 가득한 사람은
날마다 극락입니다.

지금 당신의 마음은
지옥입니까?
극락입니까?

주변 상황에 휘둘리지 말라

토끼 한 마리가 숲속에서 한가로이 풀을 뜯으면서 살았다. 아무 걱정 없었던 토끼는 스스로 걱정거리를 만들었다.

"만약 이 세상이 무너지면 어떻게 하지?"

때마침 숲속의 나무에서 열매가 '툭!' 소리를 내면서 떨어졌다.

"어? 세상이 무너지는 것 아니야?"

깜짝 놀란 토끼는 옷가지를 챙겨 달아나기 시작했다. 토끼는 도망치면서 주변 동물들에게 겁을 주었다.

"이봐, 친구들. 세상이 무너지고 있어. 빨리 도망치지 않으면 숲에 사는 모든 동물들이 목숨을 잃게 될 거야."

"뭐? 세상이 무너진다고?"

숲속 다른 동물들은 갑작스런 토끼의 행동에 화들짝 놀라 경쟁

하듯 짐을 챙겨 숲을 떠나기 시작했다. 사슴도, 얼룩말도 토끼의 말에 아무런 의심도 하지 않고 두려움에 떨면서 숲속 밖으로 도망치기 시작했다.

그때 산책하고 있었던 사자가 동물들이 먼지를 일으키며 우르르 숲 밖으로 도망치는 모습을 보았다.

"엥? 친구들이 모조리 숲속을 빠져나가네?"

동물들은 달리면서 서로 엉기고 부딪치기도 해서 하마터면 큰 사고가 날 것 같았다. 걱정이 된 사자는 무리 중에 맨 앞에서 달려가는 동물을 따라 뛰어가며 물어보았다.

"어이, 친구. 지금 어디로 그렇게 빨리 도망가는 건가?"

"응, 토끼가 세상이 무너진다고 해서 서둘러 짐을 챙겨서 이렇게 도망을 치는 거라네. 큰일 날 뻔하지 않았는가. 자네도 서둘러 도망을 치게나. 그렇지 않고 숲속에 있다가는 큰 화를 입게 될 것이네."

사자는 이해할 수 없었다. 숲은 평화롭고 더할 나위 없이 고요한데 동물들만 전쟁을 겪고 있는 듯했기 때문이다. 사자는 다시 다른 동물에게 물어보았다.

역시 돌아오는 대답은 앞의 동물과 똑같이 토끼가 세상이 무너진다고 했다면서 빨리 도망쳐야 한다고 했다. 하는 수 없이 사자는 무리 중에서 제일 먼저 도망치고 있던 토끼를 불러 세웠다.

"어이, 토끼. 어째서 세상이 무너진다고 생각하고 이렇게 도망치고 있는가? 내가 보기에는 그렇지 않은 것 같은데······."

토끼가 정색하면서 말했다.

"무슨 소리야. 분명 내가 저 숲에서 세상이 무너지는 소리를 들었단 말일세."

사자는 이상하게 생각한 나머지 토끼를 앞세워 세상이 무너지는 현장을 가보자고 제안했다.

우르르 함께 도망가던 동물들도 사자와 토끼의 주장에 의견이 반으로 갈렸다.

"토끼 말대로 세상이 무너지는 거야. 빨리 도망가야 해."

"그래? 세상이 무너지는 것 같지는 않은데. 사자 말대로 토끼가 뭘 잘못 본 게 아닐까?"

동물들은 도망을 잠시 멈추고 토끼가 세상이 무너진다고 한 숲으로 가보았다. 풀을 뜯었던 흔적이 있는 뒤쪽 나무 아래에는 커다란 열매가 하나 떨어져 있었다. 토끼가 그 열매를 집어 들면서 말했다.

"어? 세상 무너지는 소리가 바로 열매 떨어지는 소리였네. 친구들, 미안해. 내가 잘못 들었어. 사자 말대로 세상은 무너지지 않아. 다시 짐을 풀고 여기서 평화롭게 살아가도 되겠어."

그제야 많은 동물은 안도의 한숨을 쉬면서 숲속으로 다시 돌아왔다.

부처님의 전생이야기를 다룬 『본생경(本生經)』이라는 경전에 나오는 이야기다.

당신은 세상을 살면서 토끼와 같은 이웃의 말만을 듣고 부화뇌동한 적은 없는지. 자신이 원하는 삶을 살아가기보다는 주변 사람들이 그렇게 하니까 나도 덩달아 그렇게 살아가고 있지 않은지. 한갓 열매가 떨어지는 소리에 놀라서 달아난 토끼처럼 자신도 삶의 지표를 잃고 허둥대면서 살아가고 있지는 않은지. 마치 남이 장에 가니까 자신도 무심코 장에 가고 있지는 않은지. 한번쯤 자신의 삶을 뒤돌아봐야 한다.

현대사회는 엄청난 정보의 시대이다. 인터넷이 광범위하게 보급돼 있고, 휴대폰 안에는 우리들이 원하는 정보가 다 들어있다. 하지만 그 정보들이 모두 진실을 말해 주고 있지는 않다. 언론에서 보도하는 뉴스 가운데 가짜뉴스도 넘쳐난다. 정치인들의 입에서는 자신들의 정략에 의해 거짓말도 서슴지 않고 튀어나온다.

이런 시대에 잘못된 견해를 보여주는 토끼를 따라 숲을 도망쳐서는 안 된다. 세상을 혼돈에 빠뜨리는 잘못된 견해를 진리의 눈으로 파악할 수 있는 지혜를 갖춰야 하겠다.

소리에 놀라지 않는 사자처럼

그물에 걸리지 않는 바람처럼

진흙에 물들지 않는 연꽃처럼

무소의 뿔처럼 혼자서 가라

- 『숫타니파타』

고요하게 사색하라

우리에게 주어진 삶은 긴 것 같지만 사실은 짧다. 아프리카의 어떤 나무는 수명이 수천 년이고, 거북이도 수백 년을 산다. 인간은 어떤가. 아무리 오래 산다고 해도 겨우 100년도 안 된다. 그런 짧은 생애를 살면서도 인간은 돈과 명예에만 집착하는 하찮은 먼지 같은 존재이다.

비록 산더미 같은 많은 재물이 있다고 해도 저승 가는 길에는 단 한 푼도 들고 갈 수 없음에도 불구하고 인간은 눈만 뜨면 '돈, 돈, 돈' 하면서 별짓을 다 해 돈을 벌려고 한다. 그런데 우습게도 어떤 사람은 돈을 벌기만 하고 어떻게 써야 할지 모른다.

당장 주위를 돌아보면 너무 돈이 많아서 깔려 죽는다고 해도 끝까지 머리에 이고 사는 존재가 바로 인간이다. 세끼 밥, 몸을 가릴 옷, 추위를 피할 집만 있으면 되는데도 허구한 날, 인간들은 왜 그렇게 돈에만 집착하는지 모르겠다.

어떤 기업인의 재산은 수천억 원이 넘고 어떤 종교인은 수백억 원을 가지고 있다고 한다. 이들은 평생 써도 다 못 쓰는 데도 돈을 더 벌려고 한다. 가난하고 힘든 이들을 위해 기부해도 될 것인데 아까워서 하지 못한다. 사실 돈을 많이 기부한다고 해서 존경을 받는 것도 아니다. 중요한 것은 돈을 어떤 방식으로 어떻게 적절하게 쓰는가에 달려있다. 모든 일은 마음의 문제이다. 이런 것을 보면 정말 인생은 아이러니하다.

그렇다고 자식들에게 재산을 물려줘봤자 유산을 서로 더 받으려고 치고 박으며 싸운다. 급기야 부모형제도 없고 원수지간이 돼버린다. 그런데도 눈만 뜨면 '돈 돈' 한다. 나 같으면 아예 전 재산을 복지재단에 기부하고 말겠지만 세상 사는 일이 어디 그런가 싶어 또 한 푼이라도 자식들에게 물려주려고 한다.

이 세상에서 가장 소중한 존재가 누굴까. 자식도 이웃도 아닌 바로 자신이 이 세상에서 가장 소중한 존재이다. 자신이 이 지구상에서 사라지면 자식도 마누라도 남편도 아무런 소용이 없다. 그런 점에서 보면 돈은 정말 아무것도 아니다.

일찍이 성자들은 돈과 재물과 명예를 한갓 먼지처럼 여겼다. 석가모니도 그랬고, 예수도 그랬고, 공자도 그랬고, 소크라테스도 그랬다. 그래서 우리는 이분들을 4대 성자라고 부르는 것이다. 만약, 그들이 재물과 명예를 탐했다면 우리는 그들을 성자로 기억하지 않았을 것이다.

당신은 위대한 성자로 남을 것인가. 아니면 그냥 하찮은 부자로 기억될 것인가. 그것은 전적으로 자신에게 달린 문제다.

그 한 예가 바로 싯다르타이다. 그는 열일곱 살 왕자 시절, 동서남북 성문을 몰래 빠져나가서 인간의 생로병사를 통해 생이 부질없음을 깨닫고 고귀한 왕자의 신분을 버리고 출가한 뒤 고행을 자처했다. 왜 싯다르타는 남보다 훨씬 더 높은 지위와 쾌락의 삶을 즐길 수 있음에도 불구하고 스스로 고행자가 되었을까? 설산에서 뼈를 깎는 고행을 한 뒤, 보리수나무 아래에서 새벽 별을 보고 깨달음을 얻은 후 석가모니 부처가 되었을까?

석가모니가 깨달음을 얻은 뒤에 가장 먼저 얻은 진리는 '삼법인(三法印)'이다. 모든 존재하는 것들은 영원하지 않고 변한다는 '제행무상', 나란 존재는 원래 오고 감이 없기 때문에 원래부터 없다는 '제법무아', 영원히 죽지 않는 존재로 살기 위해서는 깨달음을 얻어 열반의 길로 가야 한다는 '열반적정'을 깨우치게 되었다.

만약, 오늘날의 인간들이 석가모니가 증득한 '삼법인'의 가르침을 제대로 배우고 알았다면 돈과 명예가 영원하지 않다는 것을 알게 되고, 그것에 집착하지 않을지도 모른다. 무려 2600여 년 전에 알았던 진리를 인간은 아직도 모르고 오직 돈과 명예 그리고 욕망에만 사로잡혀 살고 있다.

우리 인생은 생각보다 짧다. 그래서 좀 더 보람 있는 일을 해야 한다.

내가 출가를 결심한 이유도 석가모니 부처님처럼 살기 위해서이다. 아니 나만 그런 것이 아니라 모든 분들이 그런 마음으로 출가했을 것이다. 그런데 어떤가. 결코 현실은 그렇지 못하다. 스님들도 돈과 명예에 점점 물들어가고 있다.

수행자는 실로 힘들고 고단한 길을 가야만 한다. 세속의 사람들이 경험하지 못한 외로움을 홀로 견뎌야 하고 더 많이 사색하고 고독해야 하는 게 바로 출가의 길이다. 지금껏 단 한 번도 내가 걸어온 길을 후회하지 않았다. 그럴수록 스스로 더 깊은 고독을 느끼고 사랑했다.

수행자는 많이 외로워야만 하고 절대 고독해야 한다. 철저한 수행과 자기 관리를 통해서만이 본디부터 지니고 있는 부처의 본성을 찾을 수 있다. 때문에 아무나 깨달음을 얻을 수도 없고 부처가 될 수도 없다. 외로움이 우물의 밑바닥에 닿아서 두레박으로 건져 올린 맑은 물을 마시지 못한 수행자는 결코 훌륭한 수행자가 될 수 없다는 것이다. 자신의 영혼을 살찌게 하는 자양분은 자기 스스로가 만들어야 한다. 뼈를 깎는 고독과 수행을 경험하지 못한 사람은 진정한 본성을 얻었다고 할 수도 없으며 스스로 수행자라고 해서도 안 된다.

재가자도 마찬가지다. 쉽게 살아지는 인생이란 없다. 편하게 살려고 하면 할수록 다른 한쪽에서 문제가 생기는 것이 인생이다. 그렇다고 애써 고민할 필요는 없다. 그게 바로 인생이니까 말이다. 그래서 불가에서는 오고 감을 모르는 것이 삶이라고 하지 않았는가. 그걸 일찍 깨달았다면 그는 부처 아니면 사기꾼이다. 하늘의 별을 따는 것처럼 힘든 것이 바로 깨달음이다. 쉽게 무엇인가를 얻으려고 해서도 안 된다.

우리는 왜 사는가. 자신이 오려고 하지 않아도 왔지만, 갈 때는 무엇인가 반드시 이루고 가야 한다. 또한 인생은 무엇인가를 하기 위해 사는 것이기 때문에 그만큼 살아볼 만한 가치가 있다. 그러려면 더 많이 사색하고 더 많이 외로워야 한다.

언젠가 네팔의 히말라야를 가본 적이 있다. 거대한 산봉우리에 쌓인 만년설을 보고 할 말을 잊은 적이 있다. 경이로운 대자연이었다. 인간이 만물의 영장이라고 해도 히말라야라는 거대한 자연 앞에 서면 한갓 보잘것없는 존재에 지나지 않는다.

그래서 히말라야를 등정한 한 산악인은 이런 말을 했다.

"내가 산을 오르는 게 아니라 산이 내가 오를 수 있도록 허락해야 한다."

히말라야는 도전하는 인간에게만 자신의 길을 내어준다. 부처의 길도 성불의 길도 그렇다. 인간이라는 존재는 대자연에 비하면 한 톨 먼지조차 안 된다. 그런 현실을 망각한 채, 우리 인간은 '막행막식(莫行莫食)'의 삶을 살고 있는 것은 아닌지 심히 부끄럽다.

어떤 사람은

아내가 아프고

자식이 아프고

부모님이 아파도

통장에 찍힌 숫자만 보고

행복하다고 합니다.

그런 사람은 자신이 아파도

돈을 쓰지 않습니다.

정작 자신이 죽을 때도

그 숫자만 기억합니다.

우습지 않은가요.

의외로 우리 주변에는

그런 사람이 많습니다.

내려놓고 비우고 버려야 행복해진다

인연 없는 만남은 없다

불가(佛家)에서는 '인연 없는 만남은 없다'고 한다. 『인연경』에 보면 옷깃이 한 번 스치려면 오백 겁의 인연이 있어야 하고 한 나라에서 함께 살려면 일천 겁의 인연, 하룻밤을 동침하려면 삼천 겁, 한마을에서 살려면 오천 겁, 한집에서 가족처럼 사려면 칠천 겁, 남녀가 부부의 연을 맺어지려면 무려 팔천 겁이 걸린다고 한다. 여기에서 겁이란 하늘에서 떨어진 물방울이 큰 바위를 관통하는데 걸리는 헤아릴 수 없는 시간을 뜻한다. 이토록 귀중한 인연을 두고 우리는 함부로 남을 대하고 있는 것은 아닌지 모르겠다. 재미있는 인연의 업에 대해서 말씀드릴까 한다.

하루는 부처님과 제자가 길을 가다가 한 젊은 여인이 발가벗

겨져 있는 것을 보았다. 상체는 밧줄에 결박되어 있고 하체는 땅속에 묻혀 있었다. 이것을 본 마을 사람들이 손가락질하면서 웃었다.

궁금한 제자들이 부처님께 물었다.

"부처님, 저 여인은 어찌하여 발가벗긴 채로 상체는 결박되어 있고 하체는 땅속에 묻혀 있습니까?"

부처님이 말했다.

"제자들이여, 여인이 당하고 있는 일이니 어찌 내가 알겠느냐. 직접 물어보아라."

한 제자가 여인에게 다가가서 물었다.

"여인이여, 어찌하여 이런 몰골로 사람들에게 손가락질을 당하고 있는가, 그 이유는 무엇인가?"

여인이 대답했다.

"나는 부잣집 딸로 태어나 힘든 것을 몰랐습니다. 혼기를 맞아 결혼해 아들을 둘 낳은 뒤 시부모님이 돌아가시고 셋째를 낳아 남편과 다섯 식구가 행복하게 살았습니다. 그런데 큰아들이 일곱 살, 둘째가 다섯 살, 셋째가 세 살일 때 다시 임신을 했습니다.

넷째를 낳을 때가 되어 세 아들과 남편을 뒷바라지하기가 힘들어졌습니다. 그래서 친정에 가서 몸을 풀려고 세 아이와 남편과 함께 길을 나섰습니다. 도중에 큰 강이 있었는데 비가 온 지얼마 되지 않아 급류가 흐르고 있었지요. 자칫하면 변고를 당할

내려놓고 비우고 버려야 행복해진다

것 같아 하룻밤 야숙했습니다. 깊은 잠에 빠져 있다가 남편의 고함에 놀라 잠에서 깨어났습니다. 구렁이가 남편의 몸을 친친 감고서 잡아먹으려고 했습니다. 연약한 여인의 몸으로는 구렁이를 도저히 이길 힘이 없었기에 결국 남편은 구렁이에게 잡아먹히고 말았습니다.

다음 날 뱀에게 희생된 남편의 뼛조각을 모아 묻고 세 아이를 데리고 강을 건너려 하였습니다. 하지만 왜소한 여인의 몸으로 세 아이를 동시에 데리고 강을 건널 수 없어 큰아이는 기다리게 하고 둘째는 등에 업고 셋째는 치마에 싸, 한 손으로 등을 받치고 건너고 있었습니다. 그때 큰아이의 비명이 귓가에 들려왔습니다. 돌아보니 호랑이가 큰아이를 해치고 있었습니다. 망연자실 그 광경을 지켜보다가 치마에 싼 아이마저 놓치고 강물에 휩쓸려 가는 그 아이를 구하려다가 업고 있던 둘째조차 손을 놓고 말았습니다.

나는 아이들을 구하는 것을 포기하고 말았습니다. 자칫하면 뱃속에 든 아이마저 잃을지 모른다는 생각이 들었기 때문입니다. 그 아이가 아들이면 남편의 후사라도 이어야 한다는 생각에 울면서 강을 건넜습니다.

하룻밤 사이에 세 아이와 남편을 모두 잃고 만 겁니다. 울면서 친정을 향해 가다가 마을사람들을 만났습니다. 그런데 그들이 하는 말이 더 어이가 없었습니다. 간밤에 친정집에 불이 나서 부모님이 모두 타 죽고 그 많은 재산마저 몽땅 화염에 사라졌다는 것입니다.

나는 그날 밤 길거리에 앉아 '내 팔자가 왜 이런가?'하고 대성통곡했습니다. 설상가상 산적들이 도둑질을 하기 위해 마을로 내려오다가 통곡하고 있는 나를 발견하고 그들의 두목에게 끌고 갔습니다. 그에게 능욕을 당한 후 하룻밤 사이에 산적의 아내가 되고 말았습니다. 산적들은 밤만 되면 내가 도망갈까 봐 동굴에 가두고 큰 돌로 입구를 막았습니다.

어느 날 산기가 있어 큰 가마솥에 물을 붓고 장작불을 지피다가 출산을 하고 말았는데 다행히 아들이었습니다. 그때 산적들이 올라오기 시작했습니다. 태가 다 나오지 않아 몸을 움직일 수가 없었습니다. 산적들이 문을 부수고 들어와서는 다짜고짜 아이를 빼앗아 가마솥에 던져 버렸습니다. 그 순간 실오라기 같은 희망도 사라졌습니다.

나는 무서워하지 않고 산적에게 '어떻게 산 사람을 펄펄 끓는 가마솥에 던져 죽게 하느냐'고 따졌습니다. 그때 산적이 하는 말이 '사람 고기 맛이 일품인데 먹어 보라'고 했습니다.

그때 관군이 닥쳤습니다. 산적의 아내로 오해를 받아 결국 끌려가게 되었습니다. 관군들은 도적의 씨를 말리기 위해 모두 산 채로 큰 구덩이를 파서 매장했습니다. 나도 마찬가지로 시시각각 죽음을 앞두고 있었습니다. 그런데 관군의 수장이 '여인이 어떻게 산적일 리 있겠는가? 산적에게 잡혀 와 어찌할 수 없이 생활한 것에 지나지 않으니 죽일 것까지 없고 죄를 스스로 뉘우치게 하는 게 좋겠다. 발가벗겨 상체는 결박하고 하체는 땅에 묻으라'고 했던 것입니다."

제자들은 이 이야기를 부처님에게 물었다.

"부처님, 저 여인은 이러한 험고를 겪어 지금 땅속에 묻혀 있습니다. 도대체 저 여인은 전생에 어떤 업을 지었기에 저토록 심한 괴로움과 고통을 당하고 있습니까?"

부처님이 말씀하셨다.

"저 여인은 한량없이 먼 과거세에 태어났다. 미색이 뛰어나 이름 있는 가문에 시집가서 남부럽지 않게 살았으나 슬하에 자식이 없어서 남편에게 소실을 구하자고 했으나 착한 지아비는 '팔자에 없는 자식이면 아무래도 없을 것이고, 자식이 있다면 늦게라도 볼 게 아니냐'며 이를 거절했다. 그러나 여인은 끝내 자식을 포기할 수 없었다. 남편 몰래 마을의 가난한 집에 논 몇 마지기를 주고 그 집 딸을 데리고 와 소실로 삼은 것이다. 이것이 화근이 되었다. 남편은 어린 소실이 아들을 낳자 그 소실에게만 사랑을 쏟았다. 처음 생각과는 달리 남편이 자신을 무시하고, 개밥에 도토리 신세가 된 것을 한탄한 나머지 여인은 재산마저 모두 빼앗길 것을 염려하기 시작했다.

어느 날, 여인은 소실이 낳은 아들을 데리고 강가에 빨래하러

갔다. 천진난만하게 물장난을 하는 아이를 보자 질투심이 일어
났다. 여인은 다가가서 목을 조르다가 머리에 꽂고 있던 큰 바늘
을 아이의 정수리에 꽂았다. 그래도 죽지 않자 아이를 강에 떠밀
고 난 뒤 돌아와 울면서 "아이가 강가에서 놀다가 미끄러져 떠내
려갔다"고 했다. 하지만 소실은 여인의 말을 믿지 않았다.

　소실은 질투심 때문에 정실이 아이를 죽였다고 생각해 따졌다.
그때 여인이 하는 말이 "너의 자식이 곧 내 자식인데 어찌 내가
죽였다고 생각하느냐, 만약 내가 아이를 죽였다면 나는 세세생
생(世世生生) 지옥고(地獄苦)를 떠돌 것이다. 설령 그 후 업장이 소
멸해 다시 인간으로 태어난다 하더라도 자식을 낳지 못할 것이
며 만약 자식이 있다면 하룻밤 하루 낮 사이에 남편은 구렁이에
게 잡아먹힐 것이고, 큰 자식은 호랑이에게 물려가고 나머지 자
식은 물에 빠져 다 죽어도 죄가 남아 다시 부모님은 불에 타 죽게
되고 급기야 산적의 아내가 되어 자식을 씹어 먹어도 죄가 남게
될 것이다"고 말했던 것이다.

　그러므로 지금 여인이 받는 고통은 전생의 과보로 인한 고통
이다. 더구나 여인은 죄를 뉘우치지 않고 오히려 악담하여 더 큰
죄를 지었기 때문에 앞으로 죽어서도 지옥에 떨어져서 갖은 고
통에서 벗어나지 못할 것이다."

　여인은 부처님에게 전생의 업보를 듣게 되었다. 업은 누가 준
것이 아니라 전생에 자신이 지은 업임을 그제서야 알게 되었다.

여인이 부처님께 여쭈었다.

"부처님이시여, 전생의 업이 이렇게 중해 괴로움과 고통을 당하고 있는 저도 부처님의 제자가 될 수 있습니까? 만약 될 수 있다면 저를 구제해 주십시오."

부처님은 과거에 지은 여인의 업을 가엾게 여겨서 제자로 거두어 주었다. 여인은 비구니가 되어 열심히 수행하여 최초의 '성문사과(聲聞四果)'를 증득하게 되었다.

원래 원시불교에서 부처님은 석가모니 한 분뿐이다. 그래서 아무리 열심히 수행을 해도 아라한과에서 끝이 난다. 대개 소승불교에서의 성문4과는 사다함, 수다함, 아나함, 아라한이다. 최상승의 아라한과부터는 자유자재한 신통을 얻게 된다. 이것은 비구니로서 최초의 아라한과를 증득한 연화세 부처님의 전생이야기이다.

이처럼 불자들은 살아가는 동안 일어나는 좋고 나쁘고 슬픈 모든 일들이 누가 주어서 받는 것이 아니라 어느 생엔가 모두 자신이 일으켰던 생각의 그림자이며 그것을 마음속으로 결정해 행동으로 옮겨 받는 업의 모습이라는 것을 알고 참회해야 한다.

만약 이렇게만 한다면 아무리 남이 해를 끼치더라도 모두 '내탓이오'라는 겸손한 마음이 생겨 남을 원망하는 마음이 사라지게 되고 자신을 위해 더욱 노력하게 된다. 또한 항상 남에게 감사한 마음을 가지게 되어 어떤 일을 해도 공덕이 쌓이게 되고 큰 복을 받게 된다.

그런데 업의 이치를 제대로 모르면 조금만 누가 내게 잘못해도 '네가 그럴 수 있느냐, 나쁜 놈'하고 자신도 모르게 업을 만들게 된다. 그것이 맺히고 쌓여 언젠가는 상대가 나에게 큰 화를 입히게 되는 결과를 초래하게 된다. 사실 업을 주고받고 사는 것이 인생살이다.

우리 속담에 '지은 죄는 지은 대로 가고 공은 공대로 간다'는 말이 있다. 이것은 부처님의 인과법과 다름없다. 지은 업은 반드시 되돌려 받는다는 사실을 무시한다면 결코 '윤회고'를 벗어날 수 없다.

우리는 알게 모르게 살면서 이미 내생의 삶을 만들고 있는지도 모른다. 인생을 올바르고 참되게 거짓 없이 떳떳하게 사는 방법을 배우는 종교가 바로 불교이다. 그냥 한 귀로 듣고 한 귀로 흘려버린다면 아무리 뛰어난 부처님의 가르침도 한낱 항하의 모래알에 지나지 않는다는 사실을 명심해야 한다. 이처럼 인과법은 매우 엄중하다.

여기 한 개의 씨앗이 있습니다.
씨앗은 만물의 우주입니다.

싹이 그냥 트는 것이 아닙니다.
공기와 물이라는
알맞은 인연을 만나야만 합니다.

씨앗이 우주를 품는 것처럼
불교는 인연의 종교이며
인과의 종교입니다.

이것이 있으므로 저것이 있습니다.
저것이 있으므로 이것이 있습니다.

업에 대하여

불교에서는 '선함은 선(善)을 낳고 악함은 악(惡)을 낳는다'는 '선인선과 악인악과(善人善果 惡人惡果)'라는 '인과법'을 매우 중시한다. 나는 전생에 착한 사람인가 나쁜 사람인가, 복을 지어온 사람인가, 죄를 짓고 온 사람인가.

금생(今生)에 자신에게 일어나고 있는 좋고, 나쁘고, 기쁘고, 슬픈 모든 일들은 전생에 지은 업의 그림자이다.

그러므로 '전생의 모습을 알고자 하면 금생의 나를 보고, 내생의 모습을 보려면 금생에 지은 업을 보면 된다'는 것이 바로 '인과법'이다. 어찌 보면 이보다 더 섬뜩한 가르침은 없다.

원래 업은 산스크리트어인 카르마(Karman)의 의역으로 '갈마(羯磨)'라고 한다. 일반적으로 신업(身業) · 구업(口業) · 의업(意業)으로 나누는데 보통 '신구의 삼업'이라고 한다. 신업은 신체적 행동으로 나타나고, 구업은 언어적 표현으로 나타나며, 의업은 정신적 활동으로 나타난다. 중생이 업과(業果)를 받도록 인도하는 것을 '업도(業道)'라 하고 '십선업도(十善業道)'와 '십악업도(十惡業道)'로 나눈다.

그럼, 우리는 어떻게 살아야만 금생을 남보다 행복하게 살 수 있을까? 그 답은 오직 자신에게 달려있다. 오늘은 어제 그리고 내일의 연속이듯 금생(今生)도 전생(前生)과 내생(來生)의 결과임을 깨닫고 악한 업을 짓지 않고 선하게 살면 된다. 이것이 바로 불교가 지닌 힘이다.

행복은 오직 자신에게 달려 있다. 그런데 사람들은 육신의 쾌락을 위해서 업을 짓는 어리석음을 범하고 있다.

업의 본성에 관해서 『화엄경(華嚴經)』〈보살명난품(菩薩明難品)〉에서 다음과 같이 말하고 있다.

'중생은 4대(四大)로 이루어져 있으며 그 안에는 자아의 실체가 없고, 모든 존재의 본성은 선한 것도 아니다. 사람이 과보를 받는 것은 업에 따르지만 알고 보면 업이라는 것도 실체가 없다. 마치 맑은 거울에 비친 그림자가 여러 가지이듯 업의 본성도 그와 같다. 종자와 밭이 서로 모르지만 싹을 틔우듯이 업의 본성도 그와 같다. 많은 새가 저마다 다른 소리를 내듯이 업의 본성도 그와 같다. 지옥의 고통이 따로 외부에서 오는 것이 아니듯이 업의 본성도 그와 같다.'

그런데 실체도 없는 업의 과보가 고통이나 기쁨으로 달리 나타나는 까닭은 무엇일까? 비록 업은 눈에 보이지 않고 실체도 없지만, 선업과 악업을 짓게 되면 그것이 원인이 되어 '선과(善果)'와 '악과(惡果)'를 초래한다. 이것은 '업력(業力)'때문인데 업을 짓지 않으면 고통도 당하지 않는다. 그런데 쾌락을 추구하는 욕심 때문에 스스로 고통을 당하고 있는 것이다.

그렇다면 업의 원인은 무엇일까? 기독교에서는 원죄를 교리적으로 설정해놓고 이를 믿게 하기 위한 방법으로 사용하고 있지만, 불교에서는 죄와 복, 선과 악을 따로 설정해 놓은 것은 아니다. 그럼에도 선악이 존재하는 이유는 우리가 일으키는 마음 때문이다. 쾌락을 추구하는 마음이 육신의 쾌락을 향해 달리게 하여 업을 짓게 한다.

쉽게 말하면, 못된 생각을 일으키는 순간이 악업이 되고. 착한 생각을 하는 그 순간이 선업이 된다. 더 깊은 경지에 들어서게 되면 이러한 마음조차 사라져서 죄도 복도 사라진다. 선악이 없는데 어찌 생사가 있을 것이며 집착과 탐욕이 생기겠는가. 이것이 바로『화엄경(華嚴經)』〈보살명난품(菩薩明難品)〉의 가르침이다.

누구나가 마음속으로 만든 생각이 있다. 이를 지을 작(作), 위할 위(爲) '작위'라고 한다. 일어난 마음속의 생각을 결정하게 되면 육체적 행동으로 자연스럽게 이어지게 되는데 이를 '행위'라고 하고 '작위와 행위'를 통칭해서 불교에서는 '업'이라고 부른다.

업에도 '사업(邪業)'과 '사기업(詐欺業)'이 있다. '사업'은 남을 미워하거나 저주하거나 죽이고 싶은 생각을 말한다. 미운 놈이 있으면 하루에도 만 번씩 죽였다 살린다. 이를 '만사만생(萬死萬生)'이라고 한다. 누구나 '사업'을 저지르는데 이보다 무서운 것은 생각한 것을 바로 행동으로 옮기는 '사기업'이다. 살인이 바로 그것이다.

여럿이 모의해서 일을 저지르고 대가를 받는 것을 '공업(共業)'이라고 한다. 반대로 혼자서 생각한 것을 그대로 행동으로 옮겨서 받은 업을 '불공업(不共業)'이라고 한다. 이처럼 내가 하고 있는 행위가 업이 되므로 세상 모든 일이 업 아닌 것이 하나도 없다.

업은 한 번 짓게 되면 백 겁이 가고 천 겁이 가고 만 겁이 가더라도 소멸되지 않는다. 행위는 순간적으로 끝나 버리지만 업은 반드시 남아 있다. 마치 향(香)을 태울 때 향이 다 타서 사라진 뒤에도 향기가 옷에 배어들어 남는 것처럼 말이다. 이를 '업력(業力)'이라고 하는데 몸에 항상 남아 있다가 기회가 오면 거기에 상응하는 '과(果)'를 반드시 되돌려 준다. 그래서 업은 절대로 소멸되지 않는다고 해서 참으로 무섭다.

심지어 업은 현재의 운명뿐만 아니라 미래의 운명에도 절대적인 영향을 미친다. 사람으로 태어날 업을 지었으면 다음 생에 사람으로 태어나게 되고, 짐승이 될 업을 지었으면 짐승으로 태어나게 된다. 한 존재가 가지고 있는 현재의 모습이나 성격, 환경,

태어난 국적, 수명의 길고 짧음, 육체적인 조건 등은 과거에 지은 업의 결과이다. 이처럼 존재의 모든 것은 과거에 지은 자신의 업이 미래를 결정하는 중요한 자료가 된다.

뿐만 아니라 업은 항상 되돌려 받게 되어 있다. 착한 일을 했을 때는 선한 과보를 받게 되지만 반대로 나쁜 일을 했을 때는 악한 과보를 받게 된다. 그리고 착하거나 악하지도 않은 업을 지었을 때는 '무기업(無記業)'이라고 하는데 이것은 과보를 불러올 수 있는 뚜렷한 힘이 없다.

요즘 젊은이들은 "스님, 요즘 업이 어디 있습니까? 못된 놈이 더 잘살고 착한 사람이 더 못살던데요"하고 퉁명스럽게 질문한다. 하지만 반드시 업보는 있다.

과보(果報)에는 세 시기가 있다.

'순현보(順現報)'는 현세(現世)에서 업(業)을 지어 현세에서 받는 것을 말한다. 나는 가끔 교도소에서 법문할 때가 있다. 금생에 못된 생각을 일으켜서 행동으로 옮겨서 벌을 받고 있는 죄인들이다. 금생에 착한 일을 하면 바로 복을 받는 경우다. 이런 것들이 모두 순현보에 속한다.

'순생보(順生報)'는 금생에 지은 업을 다음 생에 받는 것을 말한다. 이처럼 지은 업은 없어지지 않고 언젠가는 반드시 받게 되며 누구도 인과를 피할 수는 없다.

우리 주변에는 착하게 살면서 좋은 일을 많이 하는데도 일이 잘 안 풀리는 사람이 간혹 있다. 금생에 지은 업이 설익었기 때문이기도 하지만 순생보나 순후보가 남아 있다고 보면 된다. 마치 설익은 과일을 먹지 못하는 것처럼 자신이 한 좋은 일이 아직 설익었기 때문이다.

반대로 인생을 거짓되게 살거나 양심을 속이고 살아가는데도 술술 일이 잘 풀리는 사람이 있다. 이것은 지금 지은 악업보다 전생에 지은 '순생보'가 더 크기 때문인데 언젠가는 과보를 받게 될 것이다.

주위를 살펴보면 일이 잘되다가도 갑자기 사업이 망하는 경우를 종종 본다. 이것은 복이 있을 때 아껴 쓰지 않고 낭비했기 때문이다. 이런 사람은 복을 지어가면서 복을 써야 하는데 이미 지은 복은 다 써버려서 복의 통장이 텅텅 비어서 망한 것이다.

그러므로 지금 내 인생의 모습은 누가 준 것이 아니라 전생이나 현생에 지어서 받은 것이므로 좋은 과보를 받기 위해서는 항상 좋은 마음을 가지고 선업을 쌓아야 한다. 결국 지금 자신이 하고 있는 일과 행위는 내생의 씨앗이 된다. 바로 업이 만들어지는 한 과정이다.

쇠에 녹이 슬듯이

나이가 들면 몸에도 독이 쌓입니다.

불교에서는 '업장(業障)'이라고 하지요.

내 몸에 낀 독을 없애려면

자신이 지은 업이 무엇인지

먼저 알아차려야 합니다.

이를 두고 '업의 알아차림'이라고 하지요.

자신의 업이 무엇인지 모르고 하는

보시는 아무런 공덕이 되지 않습니다.

먼저 '업의 알아차림'을 알고

거기에 맞는 보시바라밀을 행하여

내 몸속의 업을 비워내야 합니다.

그래야만 '업장'이 소멸되어

마침내 공덕으로 쌓이게 됩니다.

그러므로 자신의 업이 무엇인지

알아차리는 것이 가장 중요합니다.

이것을 '업의 알아차림'이라고 하지요.

나는 누구인가?

석가모니 부처님은 "본디 중생들은 오고 감이 없기 때문에 생사(生死)가 없다"고 했다. 선지식인 성철스님도 "인간은 본디 나지도 않았으니 죽지도 않고, 오지도 않았으니 가지도 않았음으로 본래부터 여여(如如)한 것이 '마음자리'이다. 그러므로 생은 불생불멸(不生不滅)"이라고 했다. 이를 종합해보면, 애초부터 나란 존재는 '무아(無我)'임을 강조한 것이다.

석가모니 부처님과 성철스님이 하신 말씀의 요지는 과연 '나라는 존재는 누구이며 어디에서 왔는가?'라는 존재론에 대한 자각이다. 그렇다면 도대체 나란 어떤 존재인가? 본디 나라는 존재는 없었는데 눈을 떠보니 나라는 존재가 있었다는 것이다. 그런데 불교적 입장에서 보면 나는 부모님의 사랑 때문에 태어난 '업생

(業生)'이다.

만약 부모라는 존재가 없었다면 당연히 나는 존재하지 않았을 것이다. 중생들은 모두 그렇다. 나라는 존재는 본디부터 없었는데 업의 결과로 태어났기 때문에 생사가 없고 오고 감이 없다는 것이 부처님이 강조하신 '무아사상(無我思想)'이다.

유럽의 유명한 철학자인 쇼펜하우어, 니체, 데카르트는 물론 한국과 중국의 수많은 지식인들은 '나란 누구이며 어디서 왔는가?'란 문제를 끊임없이 안고 고뇌를 했지만 아무도 나의 존재에 대해서 결국 밝혀내지 못했다. 그리고 중국의 선종(禪宗)은 나라는 존재를 두고 '부모님으로부터 태어나기 전 나는 누구인가'를 두고 '참나'라고 정의했다. 그것이 바로 '이뭣꼬' 화두이다. 지금도 수좌들이 참선할 때 '이뭣꼬' 화두를 꾸준히 공부하는 것도 이때문이다.

그렇다면 인간이란 존재는 진짜 무엇일까? 나라는 존재는 '지수화풍(地水火風)'과 '안이비설신의(眼耳鼻舌身意)'인 육신과 마음이다. 육신 없이 마음이 있을 수 없고 마음 없이 육신이 있을 수는 없다. 때문에 인간은 죽으면 자연으로 돌아가는 존재에 불과하다. 이런 하찮은 존재임에도 불구하고 살면서 온갖 부질없는 욕심을 부린다. 그래서 부처님은 경전에서 우리 몸을 이루고 있는 '안이비설신의'라는 육근을 불로 비유했던 것이다.

부처님이 우루벨라 지방을 지날 때이다. 그 때는 해질 무렵이어서 온 천지가 저녁노을로 불탄 듯하였다. 이것을 보고 부처님이 말씀하셨다.

"비구들이여, 사람도 저와 같이 불타고 있다. 사람의 무엇이 불타고 있는가. 눈[眼]이 타고 인식의 대상인 물질[色]이 타고 있다. 귀[耳]가 타고 귀의 인식의 대상인 소리[聲]가 타고 있다. 코[鼻]가 타고 코의 인식의 대상인 냄새[香]가 타고 혀[舌]가 타고 혀의 인식의 대상인 맛[味]이 타고 있다. 몸[身]이 타고 몸의 인식의 대상인 감촉[觸]이 타고 있다. 의식[意]이 타고 의식의 인식의 대상인 생각[法]이 타고 있다. 이것은 무엇 때문에 타고 있는가. 인간의 탐욕, 성냄, 어리석음 때문에 타고 있는 것이다."

부처님은 인간의 몸이 생로병사의 끝자락에서 헤매는 것은 육근이 내는 탐진치 삼독(三毒) 때문이라고 했다. 왜일까? 부처님은 항상 인간의 눈은 좋은 것만 보려 하고, 귀는 좋은 소리만 들으려 하고, 코는 좋은 냄새, 혀는 맛있는 것, 몸은 쾌감만을 찾으려 하고, 의(意)는 자신에게 이익이 되는 것만을 구하려 하고 있다고 했다.

우리 몸은 탐욕으로 득실거리는데 이를 조종하는 것은 '마음'이다. 그런데 이 마음속에 탐욕이 가득하게 되면 나쁜 행위를 저지르게 되어서 결국에는 과보를 받아 지옥고에 빠지게 된다. 그래서 부처님은 인간이 지니고 있는 육근을 잘 다스리는 길만이 생사에서 벗어날 수 있다고 경전을 통해 가르침을 주었던 것이다.

우리는 세상을 살면서 자신만의 편안한 육신을 위해 남에게 나쁜 일을 하거나 혹은 거짓말을 하거나 해친 적은 없는가. 한 번쯤 성찰의 시간을 가져보는 것도 좋다. 자신의 마음을 잘 다스리는 사람은 육신이 내는 급한 감정의 물결에 좌초당하지 않는다.

때문에 나의 주인공인 '참나'를 찾는 과정이 깨달음이요, 바로 부처의 길이다. 즉 참다운 삶의 가치를 구하는 것이 곧 '깨달음의 길'이다. 부처가 되면 나라는 존재는 사라지고 오직 이타적인 삶만을 살게 된다. 가엾은 중생들을 위해 기도하면서 사는 수행자가 된다. 그리하여 온전히 자기 자신을 버릴 때 부처가 될 수 있다는 것이 부처님의 위대한 가르침이다.

우리는 다행스럽게도 인간의 몸을 받고 불법(佛法)을 만나 진리를 알게 되었다. 지금이라도 인생을 올바르고 참되게, 거짓 없고 부끄럼 없이 당당하게 살면 된다. 양심을 속이고 인생을 거짓되게 하여 형편없는 미래를 만드는 어리석은 사람이 되어서는 안 된다.

나는 이 아무개,
나는 정 아무개
나는 최 아무개,
나는 박 아무개입니다.
이게 정말 나일까요.

나는 아내이고
나는 남편이고
나는 부모입니다.
그런데 정작
나는 누구입니까?

단지, 이러한 것들은
이름에 불과할 뿐입니다.

이제부터라도 내가 누구인가를
참선수행을 통해서
한번 찾아보세요.

선업을 쌓아라

티베트인들은 해발 3,000미터가 넘는 고지대에서 살고 있다. 일반적으로 외지인들이 그곳으로 여행을 가면 산소가 희박해 생기는 고산병에 시달리기가 쉽다. 반대로 고지대에 사는 그들이 낮은 지대로 내려오면 과다한 산소로 인해 저산병에 걸린다. 우리 몸은 자연환경에 적응하도록 길들여져 있다.

놀랍게도, 그들은 평생 포탈라궁을 향해 오체투지하며 순례를 한다. 날마다 이 세상에서 가장 성스러운 의식을 치르고 있는 모습을 보면 경이로운 생각마저 든다. 그들은 왜 포탈라궁을 향해 끊임없는 고행을 하고 있는 것일까? 답은 내세의 삶에 있다.

그들은 현세의 삶보다 내세의 삶을 더 중시한다. 그들에게 있어서 현세의 부는 그저 먼지처럼 사라질 재산에 지나지 않는다.

아무리 삶이 힘들고 어려울지라도 지금에 만족하기 때문에 욕심이 없고 자연에 순응하면서 모든 것을 있는 그대로 받아들인다.

오히려 그들은 현세의 삶보다 내세의 재산을 쌓기 위해 복을 짓거나 기도하는데 더 많은 시간을 소비한다. 또한 현세의 재물들은 죽으면 아무것도 가지고 갈 수 없다는 사실을 안다. 때문에 그들에게 보다 중요한 것은 살아있는 동안 선업(善業)을 쌓는 일이다. 이것이 그들이 평생에 걸쳐서 오체투지를 하는 이유이다. 어찌 보면 현명한 사람들이다.

나는 가끔 티베트인들을 생각하면 '타타타'라는 노래가 떠오른다. 불자 가수인 김국환 씨의 히트곡이기도 한데 가사를 보면 불교의 진리가 온전히 담겨져 있다.

네가 나를 모르는데 난들 너를 알겠느냐
한치 앞도 모두 몰라, 다 안다면 재미 없지
바람이 부는 날엔 바람으로 비 오면 비에 젖어 사는 거지
그런 거지. 음 음 음 어허허~

산다는 건 좋은 거지
수지 맞는 장사잖소
알몸으로 태어나서 옷 한 벌은 건졌잖소
우리네 헛짚는 인생살이

한 세상 걱정조차 없이 살면 무슨 재미

그런 게 덤이잖소

인도 고대어인 '타타타'는 한문으로는 '진여(眞如)'인데 "있는 그
대로의 것, 꼭 그러한 것"을 뜻하는 산스크리트어 '타타타(tathātā)'
의 번역어이다. 초기불교의 가르침에 따르면 '모든 존재는 있는
그대로의 참모습을 가지면서 서로 연기(緣起)적인 관계'가 '타타
타'라는 것이다.

대승불교에 이르러 '진여'라는 용어로 나타나게 된다. 그러므로
노래가 담고 있는 내용은 매우 의미심장하고 공감이 간다. 이 노
래가 크게 히트하게 된 것은 TV의 연속극에 배경음악으로 흘러
나온 뒤였다. 나오자마자 유명세를 탔다.

한 치 앞을 모르는 인생에 대한 가사가 유장한 가락에 실려 사
람들의 마음에 감동을 준 덕분인지도 모른다. 알몸으로 태어나
서 흙으로 돌아가는 것이 인생사다. 누구나 헛짚고 살지만 그 또
한 인생이며 그 속에서 찾아오는 고통과 어려움도 인생이기 때
문에 그것을 받아들이라는 것이 노래의 주제이다. 호소력 짙은
가수 김국환 씨가 겪은 무명의 애환이 노랫말에 접목되고 한 사
람의 인생살이가 다 들어있었기 때문에 순식간에 히트를 치게
된 것 같다.

내려놓고 비우고 버려야 행복해진다

귀중한 보석은 언젠가는 빛을 발한다. 진리의 언어도 언젠가는 드러나기 마련이다. 노랫말처럼 빈손으로 왔다가 빈손으로 가는 것이 인생이지만 죽을 때 한 벌 수의만은 입고 간다. 이러하니 재물을 모으는 데 인생을 소비하는 게 얼마나 어리석은 일인가.

재물은 인생을 살아가는데 필요한 방편은 될 수 있지만 삶의 목적이 되어서는 안 된다. 그보다는 복을 많이 지어서 어려운 이웃들에게 선근공덕을 많이 쌓아야 한다. 우리가 이 세상을 떠날 때 남는 것은 오직 수의 한 벌 뿐이다. 그나마도 화장하면 몸뚱어리는 재가 된다. 하지만 생전에 어려운 이를 위해 도와주었던 선근공덕은 선업이 되어 자식들은 물론 후대까지 전해질 수 있다.

앞서 말했지만 티베트인들은 그런 삶을 살기 위해 끊임없이 오체투지를 하면서 복을 짓고 기도를 한다. 그들은 함부로 살생하지 않는다. 생존을 위해 부득이 가축을 희생시킬 때도 고통 없이 빠르게 죽인다. 살아있는 모든 생명을 소중하게 다룬다. 이것이 바로 티베트인들의 생활습관이며 의식이다.

많은 재물을 가졌다고 해서 존경을 받는 것이 아니다. 사회를 위해 얼마나 이로운 일을 많이 했는가에 있다. 가난하지만 한 푼 두 푼 모아 기부한 노부부의 삶이 많은 돈을 희사한 부자보다 더 아름답게 보이는 것도 바로 이 같은 이유다. 그래서 티베트인들의 삶도 아름답게 보이는 것이다.

사람은 누구나 업을 가지고 있지요.

업은 전생과 현생에 지은 죄를 말하지요.

혹자는 "그동안 지은 죄가 하나도 없다."고

자신하지만 그건 지나친 낙관입니다.

길을 가다가 무심코 밟아서 죽인 벌레도

업이 된다는 걸 모르시나요.

피를 빨고 있는 모기를 죽인 것도

업이 된다는 걸 당신은 어찌 모르시나요.

이렇듯 누구나가 다 전생과 현생에

수많은 업을 짓고 있지요.

하나의 예를 들어 볼까요.

몹시 바람 부는 날,

길 가다가 간판이 떨어져서 누군가가 맞아서

심한 부상을 당했다고 합니다.

누가 잘못한 것일까요.

그곳을 지나던 사람의 잘못일까요.

떨어진 간판의 잘못일까요.

바람의 잘못일까요.

그 누구의 잘못도 아닙니다.

그건 눈에 보이지 않는 업력의 작용 때문입니다.

업은 선업으로 만든 좋은 에너지와
악업으로 지은 나쁜 에너지가 있습니다.
그 업력의 작용으로 인해 빚어진 결과라면
당신은 어떻게 생각하고 있나요.
이렇듯 업은 무섭습니다.
그 업의 매듭을 풀 수 있는 사람은
오직 당신뿐입니다.

'참된 나'를 도반으로 삼아라

　불가(佛家)에서는 '도반(道伴)'이라는 말을 종종 쓴다. 길 도(道), 함께 할 반(伴)으로서 도를 함께 추구하는 벗이나 친구를 뜻한다. 절집에서는 '출가도반' '행자도반' '수계도반' '강원도반' '율원도반' '결사도반' '결의도반' 등이 있다. 그러므로 도반은 '불도(佛道)를 위해 함께 수행하는 동행자'로 보면 무방할 듯하다.

　우리 속담에 '친구 따라서 강남 간다'는 말이 있다. 별로 하고 싶지 않은 일을 남이 하니까 자신도 덩달아 하게 됨을 비유적으로 이르는 말이다.

　또한 옛말에 '근묵자흑(近墨者黑) 근주자적(近朱者赤)'이라고 했다. '먹을 가까이 하면 검어지고 붉은색을 가까이하면 붉어진다'는 뜻이다. 나쁜 사람을 가까이하면 그 사람에게 물들게 됨을 비

내려놓고 비우고 버려야 행복해진다

유적으로 이르는 말이다. 그만큼 친구는 자신의 인성을 쌓아가는 데 매우 중요하다.

주로 수행자들은 절집에서 끈끈한 친밀도를 유지하는 공동체 생활을 하기 때문에 어떤 도반과 함께 수행하는가가 매우 중요할 수밖에 없고 큰 영향을 받는다. 어질고 현명한 도반을 만나야만 수행도 올바르게 할 수 있다.

청년들이 군대에 가서 함께 먹고 자며 청춘을 불태우는 것처럼, 그들 또한 함께 숙식하며 진리를 탐구하거나 수행하기 때문에 좋지 못한 인성을 가진 사람이 단 한 명이라도 있게 되면 전부가 물들 수가 있다. 이를 경계하기 위해 절집에는 규칙을 매우 엄격하게 했다. 이것이 바로 '계율(戒律)'이다.

법정스님도 자신의 저서 『무소유』에서 '진정한 도반은 내 영혼의 얼굴'이라고 언급한 바 있다. 도반의 행동과 얼굴은 곧 나의 행동과 얼굴임을 강조한 것이다.

내가 출가한 지도 벌써 30여 년이라는 세월이 흘렀다. 그동안 곁을 스쳐간 많은 도반들이 있다. 돌이켜보면, 진정한 도반은 그 누구도 아닌 바로 나 자신임을 알았다.

가끔 나는 거울 속의 나를 바라보면서 '나는 제대로 나의 길을 걸었는가. 나는 누구인가. 내가 당도해야 할 궁극적 수행의 길은 어디인가' 하고 참회하면서 스스로에게 묻는다. 그러면서 점점 참된 수행자로 변모해가는 나를 본다. 그만큼 나는 수행자로서 깨끗하고 청빈하게 살려고 무던히도 노력했던 것 같다.

나는 지금도 특별한 일이 없으면 매일 북한산을 오른다. 신선한 바람과 풀과 나무와 새들을 바라보면서 날마다 나를 돌아본다. 그 또한 나의 수행이다.

사실, 인간은 '만물의 영장'이라고 하지만 '어디서 왔는지도 모르고 어디로 가는지도 모르는 불완전한 존재'이다. 석가모니 부처님께서도 동서남북 사문유관을 통해 인간의 생로병사를 보고 영원한 삶을 구하기 위해 출가했다. 그리고 보리수 아래서 가장 먼저 깨달은 것은 '제행무상, 제법무아, 열반적정'의 '삼법인(三法印)'이었다.

'제행무상'은 우주의 모든 것은 고정된 실체가 없으며 또한 한곳에 머물러 있지 않음을 말하며 끝없이 변화하고 생멸의 과정을 겪는 무상한 존재임을 깨닫는 것을 뜻한다.

'제법무아'는 우리라는 존재는 원래부터 인연에 의해 생겨난 것이기 때문에 자아(自我)의 실체가 없음에도 오히려 사람들은 자아에 집착하는 그릇된 견해를 가지고 있음을 뜻한다. 석가모니 부처님은 이 같은 견해를 없애기 위해서 '무아'라고 했던 것이다.

'열반적정'은 탐욕과 화냄과 어리석음의 삼독심이 완전히 소멸하여 마음이 평안한 상태로 들어서는 것을 말하는데 이는 곧 깨달음을 뜻한다. 뿐만 아니라 인간은 태어나는 순간 고통을 수반한다고 해서 '일체개고(一切皆苦)'라고 하셨다. 이처럼 석가모니 부처님은 성도를 하신 후 위없는 깨달음을 얻었던 것이다.

그러므로 우리가 일체개고를 이겨내고 참된 나를 찾아서 깨달음을 얻기 위해서는 훌륭한 도반이 필요하다. 석가모니 부처님도 진실한 도반을 찾기 위해 힘든 고행을 자처했지만 누구도 아닌 바로 부처님 자신임을 깨달았던 것이다.

우리가 사는 세상은 '나'와 맞닥뜨려진 '참된 나'를 찾으러 왔다가 떠나는 한 편의 연극에 지나지 않는다. 참된 나는 곧 진리에 눈을 뜬 나인 것이다. 참된 나를 찾아서 도반으로 삼다 보면 외부의 경계에 얽매이지 않게 된다. 수행과정에서 만나는 수없는 도반들은 참된 나를 만나기 위한 훌륭한 조력자들이다. 이를 통할 때만이 진실한 나를 보게 된다.

출가 수행자가 또 다른 내 영혼의 얼굴을 발견하기 위해서는 무소의 뿔처럼 앞으로 나아가야 한다. 이를 통해야만 참된 나를 발견할 수 있다. 여기에서 발견되는 내 영혼의 얼굴과 현실 속의 나라는 존재는 법정스님의 말씀처럼 '내 마음의 소망이 응답한 것'이며 나의 영혼의 '도반을 위해 나직이 기도할 때 두 영혼은 하나'가 되고 마침내 그 둘은 '언제나 맑고 투명하게 서로 비추게 되는 것'이 아닐까.

그런 도반 사이에는 말이 없어도 모든 생각과 기대가 소리 없는 기쁨으로 교류된다. 이때 비로소 눈과 마음은 시간과 공간을 넘어 '하나'가 되어 참된 나를 발견하게 된다.

오늘 내가 눈 뜨고 있는 것
그게 바로 기적입니다.

지금 내가 이 세상에 존재하는 것
그게 바로 기적입니다.

기적이란 따로 있는 게 아니라
지금 이 순간 배고프면 먹고
자고 싶으면 자는 것
그 자체가 바로 기적입니다.

내려놓고 비우고 버려야 행복해진다

뱀이 허물을 벗듯 나를 바꾸자

뱀은 허물을 스스로 벗고 성장한다. 그러나 병든 뱀은 허물을 탈피하지 못해 죽는다. 독일의 문호 괴테도 '탈피하지 못하는 뱀은 죽는다'고 말했다. 이 말의 의미는 무엇일까?

사람도 세상을 살아가면서 꾸준히 자기계발을 통해 스스로 허물을 벗지 못하면 병든 뱀처럼 도태된다. 허물이 없는 사람은 없다. 그런데 대부분은 남의 허물은 잘 보면서도 정작 자신의 허물은 보지 못한다. '똥 묻은 개가 뭐 묻은 개의 흉을 보는 격'인데 다툼의 원인도 이것 때문이다. 남의 허물을 지적하고 탓하는 것보다 먼저 자신의 허물을 살피는 게 도리이다.

허물을 불교적인 관점에서 보면, 몸과 입과 뜻으로 짓는 업이라고 할 수 있다. 몸은 행위를 하고, 입은 말을 하며, 머리는 생각한다. 몸과 입과 뜻은 언제나 선악(善惡)을 오고 간다. 이것이 바로 '신구의(身口意) 삼업(三業)'이다. 업에는 필연적인 인과응보가 따른다.

사람은 자신이 지닌 허물을 벗으려면 과거와 현재에 자신이 지은 업이나 짓고 있는 업을 꾸준하게 살펴야 한다. 이것을 '업의 관찰'이라고 한다. 세상은 나와 타인으로 이루어져 있다. 나는 타인을 바라보고 타인은 나를 바라보며 은연중에 서로 관찰한다. 타인에 대한 관점이 생기는 것은 어쩔 수 없는 마음의 작용이며 습관이다. 항상 사람은 자신의 입장에서 '그는 어떻다. 그녀는 이래서 안 좋다' 등의 견해를 가진다.

더욱 구체적으로 말하면 '업의 관찰'은 '타인이 어떤 행위로 인해서 어떤 업보를 받고 있는가?' 즉, 타인의 업을 통해서 자신을 관찰함을 말하는데 이것이 나에게 매우 중요하다.

예를 들면, 타인이 살생이나 도둑질, 사음(邪淫)을 저질러서 법으로부터 죄의 대가를 받는 것을 보게 되면, 자신은 그런 일을 해서는 절대로 안 된다는 것을 스스로 깨닫게 된다. 그러므로 타인이 지은 선악을 관찰하여 그로 인해 받는 업보(業報)를 관찰한 후 나를 관찰하는 것이 '업의 관찰'이다.

타인은 '나의 거울' 같은 존재라고 할 수 있다. 타인이 지은 업을 통해서 나의 허물을 반성하고 환골탈태하기 때문이다. 그런데 타인의 허물은 쉽게 발견하나 자신의 허물을 알지 못하는 것이 문제이다. 그래서 '업의 관찰'은 그 어떤 수행보다도 중요하다.

우리는 살다가 늘 타인과 충돌한다. 그렇다고 만나지 않을 수도 없지 않은가. 일방적으로 타인을 가르치려 하거나 자신의 주장만을 강조하다 보면 충돌이 일어날 수밖에 없다. 이런 일들이 자주 일어나면 관계는 시간이 지날수록 점점 멀어질 수밖에 없다. 때문에 상대방을 이해할 수 있도록 자신이 먼저 노력해야 한다. 그렇지 못하면 잦은 충돌로 인해 곤란한 지경에 빠질 수 있다.

또한 상대방이 어떤 말을 할 때, 먼저 의도를 잘 파악하고 대처해야 한다. 주위 사람으로부터 그가 얼마나 신뢰를 받고 있는가도 살펴야 한다. 물론, 나 자신도 살펴야 한다. 이런 과정을 거치지 않았다면 당신 역시 준비되지 않은 상태에서 타인을 가르치려 했던 것이다. 솔선수범하지 않고 훈계하듯 타인을 대하면 오히려 반감만 생기게 되어 결국 불화의 원인이 될 수 있다. 얼마나 어리석은 행동인가? 어쩌면 가족들도 당신의 말을 잘 들으려 하지 않을 것인데 어찌 다른 사람이 수긍하겠는가. 이것도 하나의 악행이다. 이에 대한 업의 결과는 불 보듯 뻔하다.

그런 뜻에서 옛날 경봉스님이 눈만 뜨면 싸우는 부부에게 한 재미있는 법문을 하나 들려줄까 한다.

어떤 부부가 눈만 뜨면 싸웠다.

부부는 견디다 못해서 당시 선지식으로 널리 알려진 극락암 경봉스님을 찾아가 하소연 했다.

"스님, 저희 부부는 별 거 아닌 작은 일로도 다투곤 합니다."

"허허. 그래, 아이는 몇을 낳았노?"

"아들 둘에 딸 하나입니다."

"그래, 금실이 좋으니 아이를 둘이나 낳았겠지."

부부는 부끄러운 듯 얼굴을 붉혔다.

경봉스님은 부부의 얼굴을 찬찬히 살피시더니 대뜸 남편에게 물었다.

"그런데 말이다. 니는 네 마누라 몇 번 업어 주었노?"

"네? 한 번도…… 업어 주지 못했습니다."

"봐라. 네 마누라는 아이를 낳다가 세 번이나 죽다가 살아났는데 한 번도 업어 주지 못했으면서도 뭐가 그리 잘났다고 마누라 구박하노?"

그 순간 남편은 아무 말도 하지 못하고 고개를 끄덕였다.

"그 봐요, 역시 우리 스님 말씀은 명언이야."

부인은 스님의 말씀에 맞장구쳤다.

그때 스님이 다시 부인을 나무랐다.

"니는 뭐가 좋다고 소리치노? 남편이 금쪽같은 아이 셋과 마누라를 여태 먹여 살리지 않았느냐?"

그제야 남편은 어깨에 힘이 들어가기 시작했다.

그 순간 스님이 파안대소 했다.

"이제 싸우지 말고 서로 존경하며 살아야 한다. 부부는 전생에 서부터 서로 빚진 인생이다."

부부가 극락암을 내려갈 때 스님이 다시 말했다.

"대문 밖에 나서면 거기는 돌도 많고 물도 많으니 돌부리에 채여서 넘어지지 말고 물에 미끄러져 옷도 버리지 말고 잘 돌아가거라."

경봉스님이 매일 싸우는 부부에게 코믹한 생활법문으로 어리석음을 깨우쳐준 것이다. 그 후부터 부부는 싸우지 않았다고 한다. 또한 아이들에게도 항상 인자한 부모의 모습을 보여주었다. 바로 나쁜 업이 일순간 행복으로 바뀐 것이다.

부부간에 불화가 생기면 '행선(行禪)'을 하는 것도 좋은 방법이다. 공원에 나가서 손을 잡고 자주 산책하는 것도 불화를 이기는 한 방법이다. 또한 누군가에 대해 미운 마음이 생길 때도 가벼운 산책이 좋다. 그러므로 행선도 '업의 관찰' 중 권장할 만한 수행법이다. 행복한 삶을 유지하려면 내 안의 허물을 들여다보는 수행을 하는 것이 좋다.

타인은 나의 훌륭한 스승이다. 타인의 업을 관찰하여 그 눈을 통해서 나를 관찰하라. 타인의 지적을 기꺼이 수용하라, 그것은 정신의 허기로 괴로운 나를 일깨워주는 가르침이다.

수행자는 이 세상을 다 버린다.

뱀이 묵은 허물을 벗어버리듯……

안으로 성냄이 없고,

밖으로는 세상의 부귀영화를 초월한 수행자는

저 세상도 다 버린다.

뱀이 묵은 허물을 벗어버리듯…….

-『숫타니파타』

하지 말아야 할 일은 하지 말라

인생을 편하게 사는 딱 한 가지 방법이 있다.

『법구경』을 보면 다음과 같은 구절이 있다.

'해서 안 될 일은 행하지 마라. 뒤에는 반드시 번민이 생긴다.'

생각하면 아주 쉬운 말인데 실제로 적용하기란 쉽지 않다. 인생을 살다 보면 어쩔 수 없는 상황에 맞닥뜨리는 경우가 생기고 그 과정에서 뜻하지 않게 크고 작은 실수를 저지른다. 그로 인해 뜻하지 않게 탈이 나고 나중에는 번민에 휩싸이게 된다.

가령, 교통신호를 자기도 모르게 어겼다가 경찰에게 범칙금 딱지를 떼이기도 하고, 졸음운전을 하다가 큰 사고를 당하기도 한다. 심지어 음주운전을 했다가 돌이킬 수 없는 대형사고를 일으키기도 한다. 이게 다 '해서는 안 될 일을 한 탓'이다.

사람 관계도 마찬가지이다. 교통체증으로 인해서 약속시간에 늦는 경우도 있고, 사소한 말다툼 끝에 친구와 의절하는 경우도 생긴다. 의도하든 의도하지 않든 일어날 일은 반드시 일어난다. 아무리 그렇다고 하더라도 '해서는 안 될 일은 하지 말라'는 삶의 원칙만은 철칙처럼 가지고 있어야 한다. 이를 가슴속에 새기면, 갑자기 닥치는 불행을 막을 수가 있다.

우리는 항상 어떤 일을 앞두고 '갈까 말까, 할까 말까. 살까 말까. 먹을까 말까' 등 많은 가능성을 두고 망설인다.

가보지 않은 길을 가려고 할 때 "갈까 말까"하고 고민한다. 이런 때는 가지 않고 평생 후회하느니 한번 가보는 것이 낫다. 살다 보면 가보지 않는 길에 대한 미련이 자꾸 생긴다. 때로는 가서 행운을 얻거나 아름다운 추억을 얻을 수도 있다.

또한 "할까 말까"할 때도 해 보는 것이 좋다. 하지 않아서 후회할 바에야 차라리 실패하더라도 그것을 인생의 교훈으로 삼으면 된다. 물론 회복 불능의 실패가 되었다면 안타까운 일이 되겠으나 지혜를 발휘해 더 큰 실패가 되지 않도록 하면 된다. 그리고 시도해서 의외의 성과를 낸다면 그것만큼 좋은 일도 없다. 가끔은 도전하는 것도 좋다.

"물건을 살까 말까 망설일 때는 과감하게 사지 말라"고 권하고 싶다. 만약 이미 자신의 마음에 갈등이 생겼다면 그 물건은 나에게 필요 없다는 증거이다. 물건을 샀을 경우에는 반드시 후회가 따른다. 내 주변에도 쓸모없는 물건을 쌓아두고 사는 사람이 있는데 참으로 좋지 않은 습관이다. 일 년 동안 어떤 물건을 한번도 사용하지 않았다면 필요 없는 것이니 빨리 처분하는 게 좋다. 필요 없는 물건을 쌓아두고 사는 것도 욕심이 많아서다. 단순하게 사는 것이 정신건강에도 좋다. 주변을 깨끗하게 정돈하면서 살아가는 것도 인생을 편안하게 살아가는 방법 중의 하나다.

"먹을까 말까 망설일 때는 먹지 마라"가 답이다. 먹고 싶은 음식이 생각나 그 식당 앞에 가서 사 먹겠다고 작심했다면 당연히 먹어야 한다. 그렇지 않고서 막연하게 먹고 싶은 음식으로 갈등할 때는 단호히 먹지 말라는 말이다.

현대인들은 영양부족보다는 영양과잉으로 건강을 스스로 해친다. 이로 인해 비만이 생기고 성인병을 몸에 달고 다닌다. 우리나라 성인들 가운데는 상당수가 비만으로 인해 고혈압, 당뇨, 고지혈증 등 성인병을 앓고 있다.

그러므로 가능하면 자기만의 기준을 세워라. 해서 안 될 일은 아예 생각하지도 말고, 필요 없는 일은 신경조차 쓰지 마라. 세상은 서두르지 않아도 충분히 짧다. 조용히 자신을 돌아보는 관조의 시간을 많이 가져라. 목적 없이 무작정 살다 보면 삶의 방향을 잃고 허둥대다가 인생을 마감하는 경우가 올지도 모른다.

진리는 쉽게 이해할 수 있고 공감되어야 한다. 진리 중 단 한마디를 말하자면 세상을 살아가면서 '해서 안 될 일은 끝까지 하지 마라'는 것이다.

사람이기 때문에
살생하지 않습니다.

사람이기 때문에
도둑질하지 않습니다.

사람이기 때문에
남의 배우자를 탐하지 않습니다.

사람이기 때문에
거짓말하지 않습니다.

사람이기 때문에
음주를 과하게 하지 않습니다.
우리는 사람이고 불자이기 때문에
오계(五戒)를 지킵니다.

나를 괴롭히는 사람은 바로 나다

사람은 누군가를 끊임없이 사랑하고 미워할 수밖에 없는 존재이며 이러한 과정을 통해 더욱더 성장하게 된다. 때문에 혼자 살아갈 수 없는 사회적 존재가 바로 사람이다. 한자를 보면 사람 '인(人)'은 서로 등을 기대고 있는 형상이다.

그런데 사람은 발육이 빠른 동물과 달리, 성장 속도가 매우 늦어서 성인이 될 때까지는 부모의 따뜻한 보살핌을 받아야 한다. 부모로부터 사랑을 받지 못한 아이는 어릴 적부터 의기소침해지기 쉽다.

유년기가 지나고 초중고를 거치면서 친구들도 많이 사귀게 되는데 이 시기가 가장 중요하다. 소외된 아이는 친구들로부터 괴롭힘을 당하거나 집단 따돌림을 당하기도 하고 사회에 진출한 뒤에는 뜻하지 않게 동료로부터 혹은 상사로부터 괴롭힘을 당할 때도 있다. 이 시기를 잘 극복하기 위해서는 지혜가 필요하다.

최근에 집단 따돌림이 사회적 이슈가 되어 '직장 내 괴롭힘 방지법'이 제정되었다. 누군가의 괴롭힘은 한 개인에게 정신적 고통을 주어 급기야 우울증이나 조현병으로 발전하거나 이것이 원인이 되어 자살이나 남을 해치기 때문에 매우 심각하다.

자신이 누군가로부터 괴롭힘을 당하고 있다면 그 원인에 대해서도 신중하게 살펴볼 필요가 있다. 자신이 왜 타인으로부터 괴롭힘을 당하고 있으며 그 원인은 무엇인지, 혹은 자신이 누군가를 괴롭게 한 적은 있는지를 뒤돌아보아야 한다.

유년시절, 우리는 또래로부터 적지 않은 괴롭힘을 당하거나 고통을 준 적이 있을 것이다. 하지만 이것도 누구나 겪게 되는 성장통의 일부분이다.

어릴 적 나도 길을 가다가 동네 불량배들에게 잡혀 운동장 한쪽 구석으로 가서 폭행을 당하고 돈을 빼앗겼던 적이 있었다. 개인의 성향이나 성격에 따라서 충격은 다르게 와 닿겠지만 그 일로 인해 한동안 적지 않은 트라우마를 겪었다. 가능한 한 좋지 않은 기억은 빨리 털어버리는 것이 좋다.

그러나 나쁜 기억이 자신을 오랫동안 괴롭혀왔다면 매우 심각하다. 이때는 다친 마음을 치유하기 위한 노력이 필요한데 따로 전문적인 상담을 받는 것이 좋다. 특히 가정이 불우하고 가난 속에서 자란 아이에게는 상처가 더 오래간다. 하지만 힘든 과정을 겪고도 얼마든지 성공한 사람이 많다. 나쁜 기억 속의 나를 빨리 지우지 않으면 결국 힘들어지는 것은 바로 나다.

돌이켜보면 나를 괴롭히는 사람도 결국 나 자신이라는 사실을 깨닫게 된다. 자신에게 다가오는 괴로움과 역경은 누구에게나 맞닥뜨려지는 상황일 뿐이다. 문제는 그것을 자기 자신이 어떻게 헤쳐나가는가에 따라 괴로움이 지속되거나 치유된다. 그러므로 자신을 괴롭히는 존재는 바로 자기 자신이다. 그런데도 사람들은 언제나 자신을 괴롭히는 다른 존재가 주변에 있다고 착각한다.

흔히 '잘못되면 조상 탓하고 잘 되면 자기가 잘해서 그렇다'고들 한다. 이것은 모든 게 자기 위주의 생각 때문에 일어나는 현상이다. 조상은 자신에게 영향을 미칠 위치에 있지 않다. 흔히 사람들은 뭔가 일이 잘못되면 자기 탓을 하지 않고 애꿎은 조상을 원망한다. 원인은 다른 데 있는 것이 아니라 자신에게 있는데도 말이다.

내가 없어도 여전히 세상은 존재한다. 우주의 주체는 만물이 의존해서 서로가 존재한다. 그런데 오직 자신만 생각하는 사람은 자신의 눈으로만 세상을 바라보기 때문에 자신이 괴로우면 삶이 괴롭고 즐거우면 삶이 즐겁다. 이런 사람은 자신을 괴롭히거나 즐겁게 하는 것도 오직 자신일 수밖에 없다.

그러나 모든 괴로움의 원인이 스스로 만드는 것임을 알게 되면, 세상일에 대처하는 방법도 명료해진다. 자신에게 문제가 있음을 알고 남 탓을 하기보다는 자기 자신이 주체가 되어 일을 해결하기 때문이다.

옛 선현들도 보배를 찾아 집을 나섰다가 결국 보배가 집에 있다는 것을 깨닫곤 했다. 이 이야기는 바로 자기 자신이 보배임을 말하는 것이다.

『법구경』에는 다음과 같은 구절이 있다.

"자기 마음을 스승으로 삼고 남을 스승으로 삼지 말라. 자기를 잘 닦아 스승으로 삼으면, 얻기 어려운 법을 얻을 수 있다."

자기 자신을 보배로 삼는 사람들은 언제나 지혜롭다. 잘못된 일을 남 탓으로 돌리다보면 세상은 혼탁해진다. 그러나 모든 일을 내 책임으로 돌리게 되면 이 세상은 청정해진다.

사람의 인체는 수억만 개의 세포로 이루어져 있고 세포가 건강해야 온몸이 건강해진다. 병든 세포가 단 하나라도 있으면 건강한 세포들을 죽여서 우리 몸에 병이 생기듯 남 탓만 하는 세상은 결코 행복한 세상이 되지 못한다. 건강하고 행복한 세상은 개개인이 청정할 때 이루어진다.

그러므로 행복해지려면 먼저 나의 굴레에서 벗어나야 한다.

지금 나에게 질문하는 자가

바로 너의 보배다.

모든 것을 갖추고 있으며

조금이라도 부족함이나

결점이 없구나.

자유자재로 사용하고 있으니

어찌하여 바깥경계에서 구하겠는가?

- 당나라 마조도일 스님

내려놓고 비우고 버려야 행복해진다

| 4부 |

세상은
아름다운 연꽃이다

잎은 떨어지고 흙에 덮여서 썩습니다.
핀 것은 지고 진 것이 다시 피는 것은
명징한 자연의 이치입니다.
아파하지 마세요. 슬퍼하지 마세요.

세상은 아름다운 연꽃이다

'세계는 한 송이 아름다운 연꽃으로 이루어져 있다'

구한말 선지식이었던 만공스님은 '세계일화(世界一花)'를 주창한 바 있다. 만약 세상이 하나의 연꽃처럼 이루어져 있다면 우리가 사는 세상은 얼마나 아름다울까? 하지만 실상은 조금도 그렇지 않다.

문명이 눈부시게 발달한 이후, 인간의 삶은 조금 나아졌을지 모르지만 오직 재물과 명예에 대한 욕심만 많아지고 그로 인해 인간에 대한 예의가 점점 사라져 오히려 약자들의 소외감만 더 깊어졌다. 그런 관점에서 보면, 만공스님의 '세계일화' 사상은 이미 실패했는지도 모른다. 인간의 종교인 불교가 자리하고 있어서 약간의 희망이 보이는 것은 그나마 다행스럽다.

예로부터 '연꽃'은 불교를 상징하는 꽃으로 알려져 있다. 심지어 옛날 스님들은 '연꽃'이 마음이 존재하지 않는 고작 식물임에도 불구하고 '불성(佛性)'을 지니고 있다고까지 주장했다. 어째서 연꽃이 '불성'을 지니고 있다고 했을까?

불교적인 입장은 중생이 누구나 부처가 될 수 있는 종자인 '불성'을 지니고 있다고 본다. 그리고 '불성'은 아무리 더럽고 탁한 곳일지라도 결코 사라지지 않는다고 한다. 때문에 도둑도 살인자도 불교의 진리를 배우게 되면 그것이 '연(緣)'이 되어 누구나 부처가 될 수 있다고 견지한다.

아마 여름철 절간에 가서 연꽃을 본 적이 있을 것이다. 연잎은 다른 식물보다 잎이 아주 넓어서 아무리 비가 많이 와도 축축하게 젖지 않고 물기를 전혀 머금지 않는다. 다만 물이 고이거나 이슬처럼 뭉쳐 있어서 손으로 털어내면 '또르륵' 하고 떨어진다.

옛날 이것을 본 석가모니 부처님은 이렇게 말씀하셨다.

"물이 연잎에 붙지 않는 것처럼 인간도 탐욕에 물들어서는 안 된다."

또한 '연꽃'은 연못이나 늪의 진흙 속에서도 자신의 몸을 더럽히지 않고 청정한 꽃을 피워내는 '처염상정(處染常淨)'의 길을 보여준다. 탁한 세속을 벗어나 산간 오지에서 오직 성불을 이루기 위해 정진하는 수행자의 참모습과 일맥상통한다. 그런 까닭에 부처님은 이런 설법을 했을 것이다.

뿐만 아니라 연꽃은 사람들의 눈과 마음을 정화해 즐거움을 주는 꽃이다. 꿈에 연꽃이 나타나면 행운이 올 징조라고 하는 것도 이 때문이다. 그래서 불자들은 방이나 사무실에 연꽃 사진을 많이 걸어 둔다.

연꽃이 다른 화초와 구별되는 특이한 점은 꽃과 열매가 자라는 시기가 같다는 사실이다. 이를 '화과동시(花果同時)'라고 하는데 대부분의 꽃들은 꽃이 진 뒤에야 열매를 맺는다. 깨달음을 얻고 난 뒤에야 이웃을 구제하는 것이 아니라, 이기심을 없애고 자비심을 키우며 모든 이웃을 위해 사는 것 자체가 바로 깨달음이라는 것을 보여준다. 마치 깨달음을 얻음과 동시에 중생을 제도하는 수행자의 바람직한 자세를 말해주는 것이라고 할 수 있다. 세상을 살아가는 이들에게는 좋은 마음을 먹고 좋은 일을 하는 마음을 내는 것과 같은 의미를 내포하고 있다고 하겠다. 이것이 연꽃이 사바세계의 중생들에게 전하려는 부처님의 메시지라고 보는 이유이다.

연꽃의 씨앗인 연자는 무려 3,000년 동안 생명력을 잃지 않고 다시 발아할 수 있는 능력을 지니고 있다. 오래전 우리나라의 한 박물관에서는 수백 년이 지난 씨앗을 발아하는 연구를 성공한 바 있다. 그때 발아한 씨앗으로 연꽃을 피워서 조성한 '연지(蓮池)'를 일반인들에게 널리 공개한 적도 있다.

또한 『경전 속 불교식물』이라는 책에는 연꽃이 '향(香), 결(潔),

청(淸), 정(淨)'의 네 가지 덕을 지니고 있다고 적혀있다. 불상과 보살이 앉아 있는 자리를 연꽃으로 만들어 연화좌 또는 연대라고 부르는 것도, 번뇌와 고통과 더러움으로 뒤덮어 있는 사바세계에서도 고결하고 청정함을 잃지 않는 불·보살을 연꽃의 속성에 비유한 것이다.

스님들이 입는 가사(袈裟)를 '연화복(蓮花服)' 또는 '연화의(蓮花衣)'라고 하는 것 역시 세속의 풍진에 물들지 않고 청정함을 지킨다는 의미를 담고 있다. 그래서 연꽃은 불교 곳곳에 사상의 토대를 형성하는 꽃으로 인식되고 있으며 이것이 고대로부터 '연꽃'이 부처님의 진리를 전하는 꽃으로 불리는 이유이다.

이런 관점에서 바라보면 연꽃은 식물 중에서도 아주 특별한 특징을 가지고 있는 식물이 아닌가 하는 생각이 든다.

세상을 살다 보면 세상에 물들지 않고 살아가기가 무척 어렵다. 마치 꿀벌이 달콤한 꿀의 유혹에 빠져 위험이 도사리고 있는 것도 모르고 꿀을 빨아 먹다가 최후를 맞이하는 것처럼 세상의 달콤한 유혹들이 우리의 삶을 어지럽게 한다. 진흙에도 물들지 않는 연꽃처럼 완벽한 아름다움을 피워내지는 못하더라도 그 정신만은 배워야 하겠다.

잎은 떨어지고
흙에 덮여서 썩습니다.
핀 것은 지고
진 것이 다시 피는 것은

자연의 명징한
이치입니다.

아파하지 마세요.
슬퍼하지 마세요.

핀 것은 지고
진 것이 다시 피는 것은

자연의 명징한
이치입니다.

욕심과 집착을 버리면 만사가 편하다

뜻하지 않게, 신도들로부터 상담요청이 많이 들어온다. 예로부터 절집에서는 성불을 위해 출가한 이를 두고 '학식과 덕행이 높아 모든 사람의 표상이 되어 하늘까지 닿아 있는 사람'이라고 하여 '인천(人天)의 사표(師表)'라고 불렀다.

이 정도면 스님들은 사람들로부터 마땅히 존경받아야 할 존재임이 틀림없다. 때문에 불법승 삼보(三寶)에 '부처님의 불(佛), 부처님의 가르침인 법(法), 이를 구성하는 승가인 승(僧)'을 포함시키고 있는 것이다.

사람들이 스님을 찾아와서 자신의 고민을 털어놓는 이유도 여기에 있다. 그러므로 출가 시절의 첫 마음으로 되돌아가서 평상심을 가지고 고통받는 세속의 중생들을 제도하기 위해 항상 홀

룡한 인격을 갖추도록 노력해야 한다. 출가 시 스님들은 무명초인 머리카락을 자르고 강원과 선원에서 정진 등 일정한 교육을 받는다.

행자들의 마음도 제각각일 것이다. 그러나 일단 출가를 하게 되면 당연히 부처님의 제자가 되어서 '위로는 깨달음을 구하고, 아래로는 중생들을 제도한다'는 '상구보리 하화중생'과 '복혜(福慧)'를 갖춰야 한다.

여기에 미래 한국불교를 이끌어가야 할 책임과 의무까지 뒤따른다는 것을 명심해야 한다. 뿐만 아니라 중생을 잘 제도하여 행복한 세상을 만들어야 한다는 위대한 임무를 수행해야 한다. 이렇듯 스님으로서 '인천의 사표'가 되는 길은 결코 녹록지 않다. 또한 신도들의 고민을 함께 걱정해주고 해결하기 위한 노력도 해야 한다.

내가 몇 년 전, 천안의 '부처님마을'에 있었을 때이다. 당시 장애아동을 몇 명 데려와 돌봤다. 여자로서 아이를 낳아 보지 않았어도 엄마의 마음을 잘 알 것 같았다. 천방지축인 아이들을 씻기고 먹이고 재우는 일이 쉽지 않았다. 마치 농부가 외양간에서 소를 기르면, 그로 인해 기쁨과 괴로움이 동시에 생기듯이 말이다.

부모들이 자식을 훈육할 때는 주관적이 될 수밖에 없다. 부모의 입장에서 보면 '중이 제 머리를 깎지 못하듯' 자녀들을 제대로 교육시키는 것도 참 힘들다. 가족들도 마찬가지다. 형이 동생에게, 언니가 여동생에게 공부시키다 쉽게 포기하는 것도 그 때문이다.

수행자의 눈으로 보면 한심한 생각마저 든다. 물론 부모가 자녀에게 관심을 갖는 것은 당연하다. 부모들의 욕심과 집착이 너무 지나쳐서 오히려 자녀들에게 나쁜 결과로 치닫는 것을 종종 보게 된다. 올바른 가르침은 자녀가 스스로 모든 일들을 헤쳐나갈 수 있는 지혜를 심어주는 일이다. 그게 말처럼 쉽지 않다.

날이 갈수록 세상은 각박해지고 마음은 극도로 건조하다. 이런 세상에서 자식들이 온전하게 자신의 꿈을 펼치기란 여간 어려운 게 아니다. 심지어 좋은 대학을 나와도 직장을 구하기가 힘들다. 그들을 보면 안쓰럽기까지 하다.

지금 세상은 빈부의 격차가 너무 크고 부의 분배는 어긋나 있다. 기업들은 자본이 있는데 재투자를 하지 않아 일자리가 급격히 줄어들고 있다. 어제 오늘의 일만은 아니다. 정부의 잘못된 정책이 이런 세상을 만들었던 것 같다. 사람들은 오직 자신만 생각하고 남에게 양보하지 않는다. 손에 쥔 것은 절대로 내놓지 않는다.

절에 있다 보면 이런 암담한 현실을 상담하러 오는 사람들에게 스님으로서 시원한 대답을 해주기 힘들다. 모두 마음의 병을 앓고 있는 것 같다. 그들에게 해줄 수 있는 말은 지금 현재, 여기서 최선을 다하면 반드시 행복이 찾아온다는 것이다.

아무리 세상이 어렵고 힘들어도 솟아날 구멍은 있다. 틈 사이로 햇볕이 스며들 듯이 최선을 다해 노력하면 반드시 꿈은 이루어진다. 때문에 자신이 원하는 목표를 분명히 세워야 한다. 반대로 이룰 수 없는 꿈이라 생각하고 시도조차 하지 않는 사람에게 성취의 열매는 찾아오지 않는다. 삶이란 '생각하는 대로' 이루어진다. 그러므로 긍정적인 생각을 갖고 실천하다 보면 반드시 좋은 일이 생긴다. 이것이 세상의 진리임을 잊지 마라.

자녀가 있는 사람은
자녀로 인해 기뻐하고 근심한다.
소를 가진 사람은
소로 인해 기뻐하고 근심한다.
근심 걱정은 집착에서 비롯되나니
사람이 집착하지 않으면
근심 걱정도 없다.
- 『숫타니파타』

모바일 폰은 화엄세계의 축소판

요즘 스님들도 대부분 모바일 폰을 가지고 다닌다. 나 역시 유튜브와 불교TV를 통해 많은 사람들과 소통하거나 만난다. 이곳은 날마다 엄청난 정보가 '인드라망'처럼 씨줄과 날줄로 엮여 있어서 마치 불교의 '화엄세계'와도 닮아있다.

아무리 좋은 것이라고 하더라도 그것을 사용하는 사람에 따라서 그 활용가치는 천차만별일 수밖에 없다. 엄청난 정보 속에서 자신에게 도움이 되고 올바른 정보만을 골라서 취하고 나쁜 것은 버리는 습관을 가져야 한다. 그렇지 못하면 중독될 수 있는 위험이 있기 때문에 스마트폰의 활용법은 오직 자신에게 달려있다.

그동안 나는 유튜브와 SNS를 통해 부처님의 소중한 가르침과 수행담을 사람들에 전파해왔는데 그것이 '보현스님의 행복카드'이다. 그중에서도 가장 인기를 끌었던 포스팅이 있었는데 그것은 '내가 인생에서 알아야 할 소중한 것 18가지'라는 내용이다.

1. 자신의 민낯을 100% 다 보일 수 있는 친구를 가져라.
   우스꽝스러운 표정을 지으면서 함께 마음껏 웃을 수 있고, 꿈을 공유할 수 있는 단 한 명의 친구가 옆에 있다는 것은 큰 행운이다.
2. 자신이 누구인가를 제대로 알고 자기에게 맞는 인생의 가치를 찾아라.
3. 비록 자주 만나지 못하더라도 힘들거나 기쁠 때 전화로라도 응원해 줄 수 있는 친구를 사귀어라. 이런 친구와의 우정은 결코 변하지 않는다.
4. 나에게 확실한 미래가 없음을 스스로 인정하고 이것을 찾아라.
5. 세상에는 정말 이해할 수 없는 고난과 고통이 있음을 기꺼이 받아들여라. 그래야만 자신에게 큰 어려움이 닥쳐와도 그 속에서 삶의 새로운 의미를 발견하여 다시 살아갈 수 있다.
6. 타인에게 연민을 갖고 진심으로 공감하라. 단, 대가는 기대하지 말아야 한다. 타인에게 느끼는 동지애만으로도 보상은 충분하다.
7. 나의 단점을 인정하고 나를 사랑하라. 단점을 지우기 위해 꾸

준히 노력하라. 단, 지나치게 완벽함을 추구하다 보면 스스로 지치게 된다.

8. 사랑에 몰두하라. 세상에서 가장 위대한 것은 사랑이다. 두려움 때문에 사랑을 포기해선 안 된다. 자신을 포함하여 가족, 친구, 연인, 자녀, 주변 사람들을 항상 사랑하라. 인생의 가치는 여기에 있다.

9. 열정과 평안함을 동시에 가질 수 있는 자신만의 일을 찾아라. 누구에게나 인생은 소중하다. 어떤 사람에게 도움을 받았으면 감사한 마음을 자신 있게 표현하라.

10. 추억을 많이 만들어라. 당신을 웃고 울게 했던 추억, 민망했던 추억조차도 소중하다.

11. 자신만의 인생에 대한 로드맵을 그려라. 타인에게 이끌리지 말고 자신의 의지대로 살아라.

12. 경청하라. 누구나 말하고 싶은 게 있고 그 가운데서 분명히 내가 들을 내용이 있다.

13. 안 좋은 습관은 버려라. 인생은 오직 한 번뿐이다. 머뭇거릴 이유가 있는가?

14. 당신이 겪은 모든 경험 속에서 교훈을 얻고 그 속에서 자신의 미래를 다시 설정하라. 그리고 그것을 친구, 동료, 타인과 함께 기꺼이 공유하라. 새로운 것을 배우는 데는 적절한 시기가 따로 있는 게 아니다.

15. 새로운 일에 과감하게 도전하라.

16. 인종, 문화, 나이, 성, 종교, 학벌, 재산 등과 관계없이 누구든 지 평등하게 대하라.

17. 잘 곳이 있고 깨끗한 물과 음식이 있다면, 당신은 누구보다도 운 좋은 사람임을 명심하라. 이것은 매우 중요한 사실이다.

18. 항상 웃어라. 항상 아이처럼 호기심과 경외심을 가지고 세상 을 바라보라. 성숙함과 명랑함은 충분히 공존할 수 있다.

매일 아침 눈을 뜨면
고맙다는 생각을 하세요.

신선한 공기를 호흡하고
아름다운 자연을 볼 수 있음이
얼마나 큰 행운인가를……

당신은 소중한 인생을 가졌으니
오늘 하루를 낭비하지 마세요.

부드러운 말은 상대의 마음도 녹인다

사람은 자신이 살아온 일생의 흔적이 얼굴에 남는다고 한다. 도대체 무슨 말일까? 착한 마음을 지니고 살면 선한 얼굴이 나타나고, 악한 마음으로 살면 악한 얼굴로 나타난다. 아름다운 얼굴을 가지려면 비싼 화장품을 바르거나 향수를 뿌리는 것 보다는 먼저 마음을 잘 다스리는 것이 좋다.

마음이 어떻게 사람의 얼굴을 변하게 할 수 있을까? 중국 오대산에서 전해지는 불교설화를 보면 답을 알 수 있다. 이것은 문수보살님의 시자인 균제동자가 무착스님에게 들려준 게송인데 불자들이 요즘에도 즐겨 부른다.

성 안 내는 그 얼굴이 참다운 공양이구요,

부드러운 말 한마디가 묘한 향이로다.

깨끗해 티가 없는 진실한 그 마음이

언제나 변함없는 부처님 마음일세.

옛날, 중국 항주 지방에 '무착(無着, 821~900)'이라는 스님이 있었다. 일곱 살에 동진 출가하여 불경을 열심히 읽고, 계율을 지키며 정진을 거듭하고 있었다.

어느 날 무착은 대자산에서 수행하고 있던 성공(性空)스님을 만나서 간곡하게 배움을 청했다. 성공스님은 무착스님의 깊은 학식을 알고 더 이상 공부는 하지 않아도 되겠다고 판단해, 전국을 다니면서 중생들이 사는 모습을 보면서 배움을 얻을 것을 권했다.

"이보게 무착, 그대는 더 이상 배울 것이 없어 보여. 그러니 전국을 주유하면서 가르침을 얻게나."

무착스님은 반신반의했다.

"제 공부는 아직 멀었다고 생각합니다. 이참에 세상 구경도 하고, 더 많은 공부도 할 겸 오대산으로 들어가겠습니다."

중국 오대산은 화엄경을 읽고 배우는 화엄도량이었다. 오대산 입구 금강굴에 도착하니 마침 한 노인이 소를 끌고 굴에 들어가는 중이었다. 무착스님은 그 노인의 뒤를 쫓았다.

노인은 시자인 균제동자를 불러 소를 맡긴 후 무착스님에게 말했다.

"잘 오시었소."

노인의 말에 갑자기 화엄사가 모두 금빛으로 변했다. 무착스님은 이 노인이 범상치 않은 도인이라 생각하고 정신을 바짝 차렸다.

노인이 물었다.

"어디에서 오는 길입니까?"

"저는 남쪽 소주에서 왔습니다."

"아, 그러시군요. 그러면 남쪽에는 불법(佛法)이 어느 정도입니까?"

무착스님은 솔직하게 답했다.

"사실 남쪽에는 불법이 사라진 말법시대인 것 같습니다. 그나마 몇몇 비구들이 계율이나 조금 지키고 살아가는 게 전부입니다."

"대중들의 수는 얼마나 됩니까?"

"삼백 명도 되고 혹은 오백 명도 됩니다."

무착스님이 다시 물었다.

"이곳의 불법은 어떻습니까?"

"용과 뱀이 함께 있고 범부와 성인이 더불어 삽니다[龍蛇混雜 凡聖同居]."

"대중들은 얼마나 됩니까?"

"전삼삼 후삼삼(前三三 後三三)입니다."

몇 마디 대화를 나눈 후 노인은 균제동자를 불러 약간의 음식과 차를 대접했다. 무착스님은 차를 마신 뒤 갑자기 심안이 환히 열리고 정신이 상쾌해짐을 느꼈다. 노인은 무착스님에게 물었다.

"남쪽에도 차(茶)가 있습니까?"

"없습니다."

"그러면 평소에 무엇을 마십니까?"

무착스님은 대답이 없었다. 날이 저물어 노인에게 하룻밤 머물기를 청했으나 거절당했다. 무착스님은 하는 수 없이 절을 나오면서 배웅해준 균제동자에게 물었다.

"전삼삼 후삼삼이 얼마나 됩니까?"

그러자 동자가 불렀다.

"무착스님!"

그 순간 노인이 문수보살임을 깨달았다. 무착스님은 머리를 조아리며 시자인 균제동자에게라도 가르침을 받기를 원했다. 그러자 균제동자가 이 게송을 들려주었던 것이다.

게송이 끝나자 균제동자도 사찰도 사라졌다. 다만 오색구름 가운데 문수보살이 금빛 사자를 타고 노닐다가 홀연히 동쪽에서 온 흰 구름에 휩싸여 사라져 버렸다.

이후 무착스님은 평생 오대산에서 머물며 불법을 닦았다고 한다. 문수보살의 가르침은 부처님의 가르침이나 다름없다. 항상 얼굴에 미소를 머금고 부드러운 말을 하면 좋은 일만 가득한 나날이 될 것이라는 가르침이다.

그것이 바로 '화안애어(和眼愛語)'인 '따뜻한 얼굴로 사랑스런 말만 하라'이다.

입안에 도끼가 있습니다.
무심코 던진 말이
타인의 가슴에 비수를 꽂게 되어
나중에 나에게로 돌아올 수 있습니다.
말을 줄이세요.
좋은 말은 자신의 에너지를 발산하는
원천이 되기도 하지만
나쁜 말은 업 짓는 원인이 되어서
자신을 파멸시키기도 합니다.
말을 줄이면 마음이 넓어집니다.

세상은 아름다운 연꽃이다

부정관으로 세상의 무상함을 깨우쳐라

문명은 많은 것을 바꾸어놓아서 지금은 누구나 편한 세상을 살고 있다. 그러다 보니 이 세상은 사랑하는 가족과 친구들을 뒤로 하고 출가한 수행자들이 살기에는 가혹하리만치 유혹이 많다.

결혼하고 자식을 낳아 기르며 사는 세속인들과 달리 출가수행자는 절대고독과 싸워서 이기지 못하면 수행을 계속할 수가 없다. 그래서 수행자들은 명예와 부를 추구하는 세속인들과 다른 생각을 가지고 살아야 하는데 이때 필요한 수행관이 있다. 그것은 바로 부정관(不淨觀)이다.

부정관은 우리가 사는 이 세상이 '부정(不淨)'한 것으로 가득 차 있다는 관점으로 응시하며 집착을 버리는 방법을 말한다. 그렇다고 해서 세상이 모두 불결하고 더러운 것들로 가득 차 있다고 생각하는 것은 아니다. 세상을 구성하고 있는 모든 것의 본질은 불완전하게 형성되어 있기에 결국에는 무너질 수밖에 없고 궁극에는 '부정(不淨)'한 모습을 보여줄 수밖에 없다고 여기는 수행관이다.

예를 들면 미인의 몸을 한번 생각해 보자. 겉으로는 치장하고 다듬어서 아름다워 보이지만 나이가 들면 피부는 탄력이 없어져 늘어진다. 결국 생명이 다하면 미인의 몸도 아무 쓸모가 없는 한낱 껍데기에 불과하다. 그런 몸에 집착해 정성을 쏟는 것이 얼마나 무모한 일인가? 몸에 집착하는 자체가 세상을 올바르게 보지 않는다는 뜻이다. 그러므로 부정관은 욕망에 사로잡힌 이에게 몸뚱어리의 무상함을 일깨워주는 매개체가 된다.

석가모니 부처님도 싯타르타 왕자 시절, 아버지인 정반왕이 수많은 궁녀들로 하여금 왕자에게 세속의 쾌락을 누리게 하여 출가를 막으려 했다. 하지만 왕자는 새벽까지 연회를 한 뒤 침을 흘리면서 널브러져 있는 궁녀들의 모습을 보고 '이 세상의 욕망은 모두가 덧없는 것'이라는 진리를 깨우치고 더욱더 출가 결심을 굳힌다.

부정관을 활용해 백골관(白骨觀)을 수행의 방편으로 삼는 수행자들도 있다. 우리 몸은 두개골과 앙상한 뼈들이 주류를 이루고 그 위에 살이 덧씌워져 있다. 죽으면 오직 백골만 남는다. 세속의 욕망에 이끌리는 사람들이 백골을 관찰하게 되면 색욕에 대한 생각이 싹 달아난다.

날아가는 새도 떨어질 정도의 아름다운 여인이라 할지라도, 아무리 멋있는 남자라도 몸을 이루고 있는 두개골과 뼈들이 앙상하게 드러나 있는 모습을 상상해보면 우리네 삶이 얼마나 유한하고 무상한지를 깨닫게 된다.

내가 아는 어떤 신도 부부는 부정관과 백골관을 적절히 활용하고 있다. 20대 말에 결혼하고 난 뒤 서로 다짐했다고 한다.

"여보, 우리 지금 결혼해서 50년을 함께 산다는 보장이 없어요. 서로 사랑하며 살 시간도 부족한데 부부싸움을 해서는 안 돼요. 그러니 다투지 말고 행복하게 살아갑시다."

부부는 다짐했지만 얼마 후 아이를 낳고 살아가면서 의견 충돌이 생기고 다툼이 잦아져서 급기야 서로 못 살겠다며 부처님마을을 찾아온 적이 있었다. 그래서 그들에게 적절한 처방을 내렸다.

"제가 하는 말을 잘 듣고 실천하세요. 당장 두 분은 자동차를 몰고 경기도 고양시 벽제에 있는 서울 승화원 화장터를 다녀오세요. 멀찍이 서서 화장하는 것을 지켜보시고 내일 부처님마을로 와서 다시 저와 이야기를 나눠보지요."

부부는 곧바로 벽제화장장으로 달려갔다. 다음 날 부부는 부처님마을로 와서 부처님께 108참회를 하고 방으로 와서 말했다.

"스님, 정말 감사합니다. 저희 부부가 지금까지 초발심을 잊어버리고 쓸데없는 일로 부부싸움을 했어요. 한 줌의 재로 남는 육신을 보니 다시는 싸움할 생각이 나지 않습니다."

나는 부부에게 말했다.

"그래요. 굳이 다른 말을 하지 않더라도 인간의 생명은 그렇게 짧고 부질없습니다. 혹여 또 다툴 일이 생긴다면 다시 벽제 화장터에 다녀와서 다투세요."

눈물이 부부의 얼굴을 적셨다.

'서두르지 않아도 인생은 충분히 짧다'고 하지 않았던가. 서로 의지하고 사랑하기도 바쁜데 하찮은 일로 다툴 시간이 어디 있겠는가.

요즘도 종종 부부에게 안부를 묻는다.

"지금은 안 다투세요?"

"아이고, 스님. 다툴 시간이 어디 있어요. 서로 챙겨줄 시간도 너무 짧은데요, 뭐."

얼마 전 〈신과 함께〉라는 영화를 본 적이 있을 것이다. 우리가 이 세상에 와서 가져갈 것이라고는 자신이 지은 업장뿐이다. 저승에서는 얼마나 좋은 일을 했고, 나쁜 일을 했는지를 따져서 그 업의 무게에 따라 심판을 받을 수밖에 없다.

당신은 영화에 나오는 내용이 거짓말이라 단정할 수 있는가? 분명히 과보는 있다. 함부로 인생을 살면 내세가 아닌 현실에서도 나쁜 과보를 받는 '현전업보(現前業報)'에 직면할 수 있다. 그러니

선한 일을 많이 해서 행복한 현세와 내세를 기약하는 것이 좋다.

늦가을 버려진 표주박같이

흩어진 흰 색의 뼈를 보고

무슨 기쁨이 있겠는가?

여러 가지 뼈로 성곽을 만들고

살을 바르고 피를 만들 듯이

그 속에 늙음과 죽음이 있고,

만심과 위선이 감춰져 있다.

- 『법구경』

간소하고 단순하게 사는 미니멀라이프

예전 청소년의 장래희망은 십중팔구 대통령, 장관, 판사, 검사, 의사 등 저명한 인물이 되는 것이었지만 최근에는 아이돌 가수나 유튜브 운영자, 연예인이 되고자 하는 답이 대부분이다.

서울 근교 모 고등학교에서는 한 학생이 아이돌 가수로 데뷔한 이후 유명해지자 전교생이 아이돌 가수가 되려고 실용음악학원에 등록했다는 웃지 못할 해프닝이 있었다고 한다. 형편이 나아지고 소신과 개성을 추구하는 시대가 되다 보니 소소하지만 확실한 삶의 행복을 찾는 '소확행'의 가치관 때문에 일어나는 현상이다.

원래, 인생의 궁극적 목표는 행복에 있지만 물질문명 속에서 오직 재물과 명예에만 눈이 멀어서 점점 행복과는 거리가 멀어진 느낌이다. 심지어 자신이 지금 어떤 일을 하고 있고 삶의 목적이 어디에 있는지조차 모르고 살아간다.

이렇듯 세상은 날로 복잡해지고 그로 인해 생기는 스트레스는 갈수록 높아지기만 한다. 어찌 보면 우리는 옛날보다 훨씬 더 불행한 삶을 살고 있는지도 모른다.

그럼, 이런 세상에서 어떻게 살아야 정말 의미 있는 삶이 될까?

자신이 행복한 삶을 원한다면 나는 일상생활 속에서 필요한 최소한의 것만을 소유하면서 사는 '미니멀 라이프'를 권하고 싶다.

예로부터 우리 선비들은 욕심 없이 소박하고 간소하게 살려고 했다. 비록 가난하지만 학문적 지조를 지키면서 올곧게 청백리로 살다간 조선 선비들이 대표적인 예다.

외국의 사례도 많다. 특히 작가이자 자연주의자였던 미국의 헨리 데이비드 소로우(H. D. Thoreau)도 그 중의 하나이다. 그는 1845년 메사추세츠주의 월든 호숫가에서 살면서 자연과 벗하며 지낸 단순한 생활을 기록한 책 『월든(Walden)』으로 세계적인 베스트셀러 작가가 되었다.

그는 콩코드 마을 외곽에 있던 오랜 친구인 에멀슨이 빌려준 조그마한 땅 위에 오두막을 짓고 나무와 꽃과 더불어 새소리를 듣고 다람쥐와 노루 등 숲속의 짐승들과 소통하며 단순하게 자연인처럼 살았다. 필요한 식료품을 사는 것 외에는 거의 돈도 쓰지 않았다. 그는 친구의 권유로 자연과 공감하는 글을 썼고 급기야 전 세계 사람들의 마음에 잔잔한 파문을 일으켰다.

소로우는 하버드대학교를 졸업한 촉망받는 젊은이였다. 돈을 벌기 위해 사업하다가 실패하여 깊은 실의에 빠졌다가 월든 호수가 있는 숲으로 무작정 들어갔다. 그가 만약 사업에 성공해서 돈과 명예를 얻었다면, 인류는 소로우라는 초월주의자 즉 자연주의자이면서 낭만주의 문학을 태동시킨 세계적인 작가를 만나지 못했을 것이다.

당시만 해도 미국은 산업화가 한창 일어나고 있는 시점이어서 곳곳마다 개발이 활개를 치고 있었다. 그 과정에서 사업에 실패한 사람들과 실업자가 많이 생겨 전국적으로 떠도는 부랑아들의 수도 늘어가는 추세였다.

그때 소로우는 갈수록 피폐해지는 인간 본성에 대해 고민하다가 마침내 산업화에 찌든 인간의 삶에 깊은 환멸을 느끼고 월든 숲속으로 향했다.

그의 친구인 에멀슨은 소로우의 모습을 보고 일기장에 자신의 생각을 꼼꼼히 적으라고 권해 마침내 『월든(Walden)』이라는 세계적인 베스트셀러가 탄생했다. 돈을 벌기 위해 몸을 혹사하는 것은 어리석은 일임을 알고서 독자들에게 가급적이면 자연과 벗하는 삶을 살 것을 강조했다. 자연의 생태리듬과 몸이 함께 호흡하면 자연이 발산하는 에너지를 날마다 흡수하게 되어 정신적으로 행복을 느낄 수 있다고 그는 술회했다.

한국에서도 소로우의 생각에 크게 공감하신 분이 계신데 바로 법정스님이다. 생전에 미국에 있는 월든 호수를 세 번이나 방문하여 그의 사상에 공감하는 글을 종종 발표하곤 했다. 인간 본연의 모습을 찾고자 고민했던 법정스님의 생각은 소로우와 그 연원이 맞닿아 있었다. 아마 법정스님이 『무소유』를 썼던 이유도 소로우의 삶에 큰 감동을 받았기 때문이리라. 요즘 사람들은 너무 집착하는 삶을 살고 있다. 행복하게 오래 살고 싶으면 소유와 집착을 과감히 떨쳐 버려야 한다. 진정한 무소유는 하나도 남기지 않고 떠나는 것인지도 모른다.

내가 사는 평창동 '부처님마을'도 소박하고 단순한 삶을 지향하는 사람들이 만든 공동체다. 일과 중 얼마간의 시간을 SNS를 통해 불자들과 소통하는 일을 제외하고는 대부분 사색하고 등산하는 일로 시간을 보낸다.

시간의 여유를 갖고 깊이 생각하고 명상하다 보면 나도 모르는 기발한 아이디어들이 불쑥불쑥 떠오른다. 허둥지둥 일에 쫓기다 보면 자신이 무슨 생각을 하며 살아가는지도 모르는 것이 우리들의 삶이다. 그러다가 하루가 허망하게 지나가 버린다.

이 세상에서 가장 불행한 사람은 자신이 왜 사는지 그 이유조차 모르는 사람이다. 우리는 소박하고 단순한 삶을 추구하면서 항상 깨어있는 마음으로 살아야 한다.

남을 사랑하려면
나를 먼저 사랑하세요.

나를 사랑하지 않는 사람은
남도 사랑할 줄 모릅니다.

역발상으로 위기를 탈출하라

인생을 살다 보면 끊임없이 위기가 오고 또 지나간다. 만약 예기치 않은 위기가 닥쳤을 때 어떻게 극복해야 할까? 이럴 땐 죽고 싶도록 괴로울 것이다. 하지만 지나가면 언제 그랬느냐는 듯 다시 새까맣게 잊어버린다. 그래서 인생을 두고 우리는 오르막과 내리막이 있는 산길에 비유한다.

누구나 영·유아기와 초·중·고 시기를 거쳐 성인으로 성장한다. 그리고 학업을 마친 뒤 직장을 갖고 사랑하는 사람과 결혼하여 가정을 이룬다. 그렇다고 모든 이들이 이런 똑같은 경로를 거치는 건 아니다. 누구는 공부를 잘해서 원하는 대학에 입학하지만 또 누구는 몇 번의 재수 끝에 겨우 입학하거나 포기하는 경우도 있다.

세상은 아름다운 연꽃이다

삶의 굴곡은 성인이 되어서도 마찬가지로 겪는다. 누구는 조건이 좋은 직장에 취직해서 많은 월급을 받지만 그렇지 못한 경우도 있다. 또한 사업이 잘 되는 때도 있고, 실패하기도 하고 다시 이를 거울삼아 새로운 도전을 해 성공하기도 한다.

태양은 지상의 모든 곳을 차별 없이 비추지만 따뜻한 곳도 있고 응달진 곳도 있다. 그러나 어쩌랴. 이게 바로 인생이다.

우리는 천차만별의 인생을 어떻게 받아들이고 해결해야 할까? 문제는 이러한 것을 받아들이는 마음 자세에 따라서 행복과 불행이 결정된다는 것이다. 삶의 성패는 어쩌면 마음먹기에 달려 있다고 해도 과언이 아니다.

누구나 태어날 때 짊어지는 삶의 무게는 똑같아야 하겠지만 현실은 불행하게도 다르다. 유복한 가정에서 태어난 사람은 처음부터 짊어져야 할 짐의 무게가 가벼우며 가난한 집에서 태어난 사람의 짐은 무겁다. 이를 두고 흔히 금수저, 흙수저라고 칭한다.

불교에서는 모든 것을 업의 결과로 보고 있다. 과거에 선업을 많이 행한 사람은 현세에 복을 많이 받아 태어나고, 악업을 많이 행한 사람은 현세에 고통을 당한다는 것이 업이다.

그렇지만 비록 과거세에 악업을 많이 지었다 할지라도 현세에 좋은 일을 많이 하면 숙세의 업을 변화시킬 수 있다. 유복한 환경이든 어려운 환경이든 얼마든지 자신이 짊어지고 있는 삶의 짐은 노력 여하에 따라 무게가 달라질 수 있다는 말이다.

요즘 언론을 보면 굴러온 복을 스스로 차 버리고 사회적 지탄을 받는 대기업의 자녀들이 종종 눈에 띈다. 반대로 형편이 어려운 가정의 자녀임에도 잘 극복하여 성공적인 삶을 사는 사람도 많다.

우리 부모 세대들은 전쟁의 포화 속에서 살아왔지만 이를 잘 극복하여 지금은 세계 속의 대한민국 국민으로 살고있지 않은가. 이게 다 근본적인 마음 자세에서 비롯된 것이다. 그러므로 자신에게 심각한 위기가 찾아 왔을 때 이를 잘 극복하는 방법은 괴로움을 빨리 잊고 즐거운 마음으로 전환하는 것이다.

다만 중요한 것은 내가 가지고 있는 괴로움의 원인이 어디에서부터 왔는지를 먼저 잘 살펴야 한다는 것이다. 병도 원인을 알아야 빨리 고칠 수 있다. 그런데 사람들은 괴로움을 지니고 있으면서 그 원인을 제대로 파악하지 못해 더 깊은 나락으로 떨어지는 경우가 다반사다.

괴로움의 원인은 여러 가지가 있다. 이를 제거하기 위해서는 다양한 각도에서 자신을 살펴봐야 하는데 그 방법이 바로 역발상이다. 예를 들면 '1+1=2'이다. 그러나 2는 '100-98=2'도 있다. 이러한 계산법도 있다는 것을 떠올리면 삶을 바라보는 시각도 달라진다.

하나를 더하면 2가 되는 것처럼 무언가를 얻기 위해서 노력하지 말라는 것이다. 내가 가지고 있는 것에서 무엇인가를 덜어내

세상은 아름다운 연꽃이다

면 내가 원하는 것을 가질 수 있다는 뜻이다. 말하자면, 얻으려고만 하지 말고 자신이 남을 위해 조금 손해 본다는 생각을 하면 의외의 이익이 생긴다.

히말라야를 보라. 멀리서 보면 그지없이 아름다워 보이지만 그 안으로 들어가 보면 생사고락이 그곳에 있음을 알게 된다. 이렇듯 가끔 자신이 가진 생각을 조금만 바꾸면 위기는 곧 기회가 될 수 있다. 이것이 역발상의 지혜이다.

고려의 보조국사는 "땅에서 넘어진 자는 그 땅을 딛고 일어선다. 땅을 떠나서 일어나려고 하는 것은 옳지 못하다"고 했다. 이게 도대체 무슨 말인가. 물고기는 물을 떠나서 살 수 없듯 사람은 자기가 몸담고 있는 곳을 떠나서는 잘 살 수가 없다는 말이다. 자신이 처한 현실을 그대로 받아들이고 이를 극복하기 위해 역발상의 정신을 지니는 것이 중요하다.

당신은 항상 무언가를 갈망하지만
얻지 못함을 아프게 생각하지 마세요.
오히려 내가 원하는 걸
얻지 못함에 대해 고마워하세요.
왜냐고요? 무언가를 포기하는 순간부터
또 다른 무엇이 기다리고 있을 테니까요.
당신에게 최고의 스승은
원하는 것을 참는 인내입니다.

세상은 아름다운 연꽃이다

과한 것은 부족한 것보다 못하다

마트에 가면 생선과 야채, 인스턴트 식품, 가공육 등 먹을 것이 넘친다. 가히 먹을 것이 극에 달한 시대가 됐다. 1970년대만 하더라도 식량자원이 부족했다. 일제와 한국전쟁을 겪은 어른들은 궁핍의 시대를 거친 뒤 피나는 노력으로 오늘날 눈부신 경제성장을 이루어냈다.

1980년대 이후부터는 절대적 빈곤에서 벗어나게 되고 1990년대 이후부터는 굶주림에서 완전히 해방되었다. 지금은 부의 분배로 인해 상대적 빈곤과 박탈감은 생겼지만 절대적 빈곤은 사라졌다. 이제는 국가가 굶어 죽는 것을 방지하고 있다.

그러나 아프리카와 동남아 등 몇몇 지역에 있는 빈곤 국가는 정치적인 이유와 가뭄, 홍수 등으로 하루에 수십여 만 명이 굶어 죽어가고 있다. 지구 한쪽에서는 먹을 것이 넘쳐나고 있지만 다른 한쪽에서는 기아와 난민이 지옥 같은 삶을 살고 있는 것이다. 북한도 마찬가지이다. 서방국가들이 유네스코를 통해서 약간씩 돕고 있어 그나마 다행이다.

한국은 어떤가. 정말 먹을 것이 넘쳐나고 있다. 건강의 적신호에 위기감을 느낀 사람들이 야채로 만든 음식을 찾기 시작하며 사찰음식이 때아닌 인기를 누리고 지금은 세계적인 음식으로 널리 알려져 각광 받고 있다.

한국인의 신체 구조도 몰라보게 달라져 요즘 청소년들은 웬만한 서구인보다 체형이 더 좋아졌다. 상황이 이렇다 보니 국민건강이 급속히 나빠져 당뇨와 고혈압, 고지혈 등 성인병이 늘어나는 추세다. 의료비에 대한 국가부담도 상대적으로 많이 늘어났다. 그러다 보니 언젠가부터 한국인의 식단에 가공유과 인스턴트 식품이 점점 줄어들고 사찰음식이 큰 비중을 차지하게 되었다.

이쯤이면 '과한 것은 부족한 것보다 못하다'는 의미의 '과유불급(過猶不及)'이라는 고사성어가 떠오른다.

어느 날 중국 춘추시대 위(衛)나라 유학자인 자공(子貢)이 공자에게 물었다.

"자장(子張)과 자하(子夏) 중 누가 더 현명합니까?"

자장은 공자의 제자이며 자하는 공자의 후기 제자이다.

공자가 대답했다.

"자장은 지나치고 자하는 미치지 못한다."

그때 자공이 반문했다.

"그럼 자장이 낫단 말씀입니까?"

공자가 말했다.

"지나친 것은 미치지 못한 것과 같다(過猶不及)"

공자의 대답은 누가 더 현명한 것이 아니라 넘치지 않고 각자의 도리를 잘 지키면 된다는 가르침이다.

분명 지나친 것은 미치지 못한 것과 같다. 한 걸음 더 나아가 지나친 것은 부족한 것보다 못하다.

예를 들어보자. 과식으로 인해 배탈이 난 것은 조금 부족하게 먹은 것보다 나쁜 결과를 초래한다. 사실 사찰음식이라고 세상에 알려진 음식의 레시피는 진정한 사찰음식이라고 말하기에는 어딘가 과하고 어색한 부분이 있다. 다양하게 만들어진 채식의 사찰음식이 모양새가 너무 풍성하고 화려해서 자연스럽지 못하다는 말이다.

옛 선사들은 시주 들어오는 거친 음식을 먹으며 도를 이루겠다는 일념으로 수행했기 때문에 음식은 그저 허기를 채우고 몸을 지탱하여 수행하는데 필요한 약 정도로만 알았다. 그런 의미에서 보면 요즘의 사찰음식은 재료나 꾸밈 면에서 모두 것이 두루

과하다고 여겨진다. 또한 사찰음식은 생명존중 사상을 중시해서 철저하게 육식을 배제하고 있다. 이러한 전통이 사찰을 통해 전해지면서 오늘날 비만과 고혈압, 고지혈증 등 현대인들이 앓고 있는 성인병을 해결해주는 대체음식으로 급부상하게 되었다.

현대인들의 입맛은 육식 위주의 가공 음식에 입맛이 길들여 있다. 그러다 보니 동물을 식재료로 삼기 위해 대량으로 사육을 해서 질병을 만들고 확산시킨다. 광우병이니, 구제역이니, 조류 인플루엔자이니 하는 질병들은 인간들이 대자연의 풍부한 먹거리를 외면하고 오직 그 초점을 동물에게만 집중한 나머지 되돌아온 무서운 재앙 또는 자연의 역습이라고 할 수 있다. 그래서 식품학자들은 심지어 인간의 기본적인 품성을 형성하는데 음식이 매우 중요하다는 것을 강조하기도 한다.

어찌 보면 현대인들은 스스로 누에가 되어 실로 자신을 가두는 것 같다. 자신의 식습관이나 행동이 건강을 해친다는 것을 알면서도 육식과 술, 담배 등으로 스스로 몸을 망치면서 건강해지길 원한다. 이는 어불성설이다.

나는 출가 후부터 40여 년 동안 생식으로 몸을 다스리고 있다. 음식은 단순히 수행을 위한 약으로 이용할 뿐, 철저한 소식(小食)을 실천한다. 덕분에 아직도 건강한 육신을 잘 유지하고 있다.

그러므로 이제라도 자신의 모습을 똑바로 보고 어떤 습관이 나의 건강을 회복해 줄 것인가를 깨달아야 한다. 가장 늦었다고 생각할 때가 가장 빠르다. 상식적으로 살아야 하는데 그걸 잘 알면서 실행하지 않는 바보 같은 사람들이 의외로 많다.

그중 한 명이 혹시 '나'는 아닌가?

기계도 오래 사용하면 닳듯이

인간의 장기(臟器)도 닳습니다.

음식을 과하게 먹으면

장기들도 피로합니다.

모든 것은 적당한 것이 좋습니다.

허상에 속지 말고 본래 모습을 보자

세상을 살다 보면 '허상(虛想)'에 사로잡혀 무엇이 참된 것인지 모르는 사람들이 너무 많다. 예를 들면, 주위의 시선 때문에 하고 싶지 않은 일임에도 불구하고 어쩔 수 없이 하는 경우가 있고, 하고 싶은 일인데도 시선 때문에 제대로 하지 못할 때도 있다. 문제의 본질을 살펴보면, 허상에 매여 자신의 진짜 모습을 보지 못하는 것이 가장 큰 이유다.

사람의 생명은 불과 100년도 살지 못한다. 그런 짧고 유한한 인생을 한낱 헛된 망상이나 꿈에 붙들려서 보내는 것은 실로 안타까운 일이다. 그래서 『반야심경』에서는 이를 두고 '원리전도몽상(遠離顚倒夢想)'이라고 했다. '꿈에서는 진짜라고 생각했으나 깨어보니 가짜'라는 의미로 '자신이 하고 있는 잘못된 생각을 멀리 떠나보내라'이다. 나는 이 때문에 헛된 망상에서 빨리 깨어나기 위한 '참선' 수행법을 권한다.

'참선'은 자기 자신을 바로 보기 위한 '참구(參究)'이다. 마치 한 방울의 물방울이 떨어져서 거대한 바위를 뚫듯이 참구하여 깨달음의 경지에 이르게 되는 불가의 수행법으로 헛된 망상에 포획돼 사는 우리 인간들의 본연의 모습을 찾아가는 과정이기도 하다. 비단 불교에만 국한된 것이 아니다.

안데르센 동화집을 보면 '벌거숭이 임금님' 이야기가 나온다.

옛날, 신기하고 화려한 옷을 무척 좋아하는 임금이 있었다.

사기꾼 두 사람이 소문을 듣고 임금을 찾아 왔다.

"임금님, 저희들은 신비한 옷을 만들고 있어요. 저희가 만든 옷은 바보들에게는 보이지 않고 다른 사람들에게는 잘 보인답니다."

문득 임금은 생각했다.

'나는 바보가 아니니까 당연히 내 눈에는 그 옷이 보이겠군.'

임금은 신비한 옷을 만든다는 사기꾼들의 솔깃한 말에 많은 돈을 주고 그 옷을 만들라고 시켰다.

사기꾼들은 베틀을 가져다가 옷감을 짜고 곧이어 옷을 만들기 시작했다. 물론 바보들에게만 보이지 않는다고 했기 때문에 만드는 시늉만 했다.

얼마 지나지 않아 임금은 무척이나 궁금해서 신하에게 옷이 어느 정도 만들어졌는지 알아보라고 했다. 현장에 간 신하들의 눈에는 이상하게도 옷이 전혀 보이지 않았다.

그러나 옷이 눈에 보이지 않는다고 말하면 사기꾼들이 바보라고 할까 봐 당황했다.

사기꾼들이 신하들에게 말했다.

"오셨군요. 자, 보세요. 임금님을 위해 이렇게 멋진 옷을 만들었습니다. 어서 가져가 임금님께 입혀 드리세요."

신하들은 난감했지만 옷이 보이지 않는다고 하면 바보 취급을 받을까 두려워 거짓말을 할 수밖에 없었다.

"네. 정말 잘 만들었군요. 고맙소. 이 옷을 가지고 가겠소."

신하들은 있지도 않은 옷을 보자기에 싸는 시늉까지 하면서 왕궁으로 돌아왔다.

"전하, 저희들이 신비한 옷을 만드는 장인(匠人)에게서 방금 멋진 옷을 가지고 왔습니다. 어서 입어 보시옵소서."

순간적으로 임금 또한 당황했다. 아무리 살펴보아도 어디에도 옷은 보이지 않았기 때문이다. 그럼에도 신하들은 옷이 멋지다며 입어 보라고 권했다.

'어떻게 하지? 눈에 안 보이는 옷을 저들은 보인다고 하니. 정말 나만 바보인가?'

임금은 바보가 되기 싫어서 이렇게 말했다.

"옷이 아주 멋지구나."

임금은 사기꾼들에게 후한 상을 주고서 보이지도 않는 옷을 입는 시늉을 한 뒤 거울을 보며 감탄했다.

"참 나에게 잘 어울리도다!"

신하들은 한술 더 떠서 말했다.

"전하, 이런 멋진 옷을 입고 여기만 계실 게 아니라 왕궁 밖으로 나가 한번 행차를 하심이 어떻겠습니까?"

임금은 부끄러웠지만 바보가 되기 싫어서 벌거벗은 채로 왕궁 밖으로 나갔다. 신하들은 누구 하나 옷이 보이지 않는다고 말하지 않고 오히려 임금을 향해 칭찬했다.

"옷이 멋지십니다."

거리에 나서자 마침내 백성들은 수군거리기 시작했다. 그런데 그때 한 아이가 깔깔깔 웃었다.

임금은 웃는 아이에게 다가가 물었다.

"너는 왜 나를 보고 그렇게 웃느냐?"

"임금님께서 벌거벗고 돌아다니시잖아요."

수군거리던 백성들도 고개를 끄덕이며 임금에게 사실대로 고했다. 그제야 임금은 사기꾼과 신하들에게 속았다는 것을 알고서 부끄러워 급히 왕궁으로 돌아왔다.

우리는 벌거벗은 임금님처럼 거짓이 가득한 허상에 매여 살고

있지는 않은지 나의 참모습을 잃어버리고 있지 않은지 진정한
내 모습을 돌아봐야 한다. 한 번쯤 자신을 깊이 살펴봐야 한다.

사랑받기 위해
태어난 존재가 사람입니다.
그런데 사람보다
돈과 물질이 더 사랑받습니다.
사람이 돈을 만들었지
돈이 사람을 만들지 않았습니다.
그로 인해 세상은
혼돈으로 달려가고 있습니다.
당신은 사람이 먼저입니까
돈이 먼저입니까?

세상에서 가장 의미 있는 한 끼는 '마음먹기'

우리 속담에 '시작이 반'이라는 말이 있다. 무슨 일이든지 일단 시작만 하면 마무리를 짓는 데까지 절반은 했다는 의미이다.

원효스님은 '세상 모든 일은 마음먹기에 달려 있다'는 의미인 '일체유심조(一切唯心造)'를 강조했다. 그만큼 어떤 일을 하기 전까지는 '첫 마음'을 갖기가 무척이나 어렵다.

우리는 매일 세 끼 식사를 한다. 하지만 식사보다 더 중요한 것은 '마음먹기'이다. 아무리 힘들고 어려운 일일지라도 어떤 마음으로 일을 하느냐에 따라 그 결과는 하늘과 땅 차이다.

기왕 먹는 이야기가 나왔으니 짚고 가야 할 것이 있다. 현대인들의 식습관이다. 과거에는 턱없이 먹을 것이 부족해서 예사로 굶었다. 일제 식민지와 한국전쟁을 겪었던 우리 부모님들은 지금도 인사를 하면 첫 마디가 "밥 먹었냐?"이다.

요즘 외국인들은 이런 한국인들의 인사법을 전혀 이해하지 못한다. 밥 먹을 시간이 아닌데도 '안녕하세요'보다 '식사했느냐?' 라는 인사를 듣게 되면 외국인들은 적지 않게 당황한다. 그만큼 우리 부모 세대들은 어려운 시절을 겪었다.

하지만 지금은 어떤가. 우리나라는 세계가 깜짝 놀랄 정도로 비약적인 경제발전을 일구어냈고, 먹는 것도 넘쳐나서 절대적 '비만시대'를 살고 있다. 그로 인해 성인병도 늘어나고, 잘못된 다이어트로 인한 피해도 급격히 늘고 있다.

냉장고를 열면 맛있는 음식이 넘쳐서 아이들의 비만도 문제이다. 영양부족으로 병을 앓는 것이 아니라 영양과잉으로 생긴 병 때문에 사회적 문제가 되고 있다.

우리 몸은 유통기한이 있다. 아무리 아끼고 살아도 100년을 사용하기가 힘들다. 사람들은 아는지 모르는지 함부로 자신의 몸을 학대한다. 낮이나 밤이나, 시시때때로 몸을 혹사시키고, 마구 음식을 섭취해 한시도 장기(臟器)에 쉴 틈을 주지 않는다. 자동차도 많이 달리면 망가지듯이 우리의 장기도 오래 쓰면 점차 닳기 마련이다. 몸을 함부로 사용하면 빨리 병든다. 사람들은 이를 잘 알면서도 '내 몸은 괜찮을 거야'라고 생각하지만 자신도 모르게 망가지는 것이 바로 몸이다. 그러면 내 몸을 어떻게 관리해야 건강하게 유지할 수 있을까.

만병의 근원은 욕심이다. 물욕은 사람의 몸을 병들게 하고 결국에는 모든 것을 빼앗아간다. 사실, 건강보다 더 소중한 것은 없다. 아무리 재물과 명예가 많다고 해도 한번 건강을 잃으면 소용이 없다. 그런데도 자신의 몸을 욕망의 구렁텅이 속에 빠뜨리는 어리석은 사람들이 많다. 그들은 병이 온 뒤에야 땅을 치고 후회한다.

한번 허물어진 몸은 여간해서 회복이 힘들기 때문에 건강할 때 미리 예방하거나 관리하는 게 최선의 방법이다. 그럴 때 가장 필요한 것이 나와의 약속인 '마음먹기'이다. 남과의 약속을 어기면 신뢰를 주지 못하는 사람이 되지만 자신과의 약속을 지키지 않는 사람은 더 큰 시련을 겪을 수 있다. 왜냐하면 자신을 속이는 것이 남을 속이는 것보다 더 위험하기 때문이다. 그러므로 자신과의 약속보다 더 중요한 것은 없다. 때문에 '마음먹기'는 자신과의 가장 의미 있는 약속이다. 지금부터라도 다음과 같은 아홉 가지의 '마음먹기'를 실천해보면 어떨까. 이는 한 끼의 식사보다도 더 중요하다.

첫째, 아침에 조금 일찍 일어나서 매일 108배를 하라. (뼈와 근육이 단단해지고 마음이 편안해진다.)

둘째, 소식(小食)을 하라. (오장육부가 편안해지고 소화가 잘 된다.)

셋째, 술을 적당히 하라. (소량의 알코올은 혈관을 원활하게 하지만 과하면 인생 망친다.)

세상은 아름다운 연꽃이다

넷째, 담배를 끊어라. (니코틴은 독약과 같아서 서서히 몸을 망가뜨린 다.)

여섯째, 하루 한 시간씩 반드시 운동하라. (적당한 운동은 장기를 원활하게 하여 소화를 돕고 균형 있는 육체를 만든다.)

다섯째, 자기 전 반드시 하루 30분씩 명상하라. (마음수련은 몸과 뇌를 건강하게 한다.)

여섯째, 욕심과 화를 내지 말라. (욕심은 심장과 뇌를 흥분시켜서 뇌혈관에 문제를 일으킨다.)

일곱째, 남의 여자와 남자를 탐내지 마라. (자칫하면 힘들게 이룩 해 놓은 것들을 하루아침에 망치게 할 수 있다.)

여덟 번째, 항상 마음을 비우고 내려놓아라. (비워야 복도 채워진 다.)

아홉 번째, 자기를 사랑하라. (자기를 사랑하지 못하는 사람은 남도 사랑하지 못한다.)

열 번째, 남을 귀하게 여겨라. (남을 존중해야 그들로부터 존중을 받 는다.)

모든 것은 '마음먹기'에 달렸다. 지금이라도 '시작이 반'이라고 생각하고 이 열 가지를 실천하면, 몸이 건강해지고 저절로 행복 이 찾아온다. 무엇보다도 심신이 청정해지고 날마다 즐거운 날 이 될 것이다.

보리심은 집착과 아집인

자기만의 이기심을 버리고

남을 위하는 이타심을 통해서

중생의 깨달음을 추구하기위해

간절하게 서원하는 마음입니다.

로또에 당첨될 수 있는 기도 방법

사람들은 매주 토요일이면 로또 추첨시간을 기다린다. 당첨 확률이 거의 '0'인데도 그 시간이 되면 어김없이 포털 검색창 1위를 장식한다. 심지어 월요일까지도 '로또 당첨번호'라는 인기 검색어는 사라지지 않는다.

그도 그럴만한 이유가 있다. 아무리 당첨 확률이 '0'이라 해도 매주 1등에 당첨되어 10억 이상의 당첨금을 받는 이가 있기 때문이다. 당첨금과 당첨 인원, 당첨 판매소까지 공개되기에 달콤한 로또의 유혹에 넘어가지 않는 사람은 없는 것 같다.

아예 어떤 사람은 로또에 중독되다시피 한 경우도 있다고 한다. 언젠가 방송에서 파지를 주워 팔면서도 로또를 일주일에 몇만 원어치씩 사는 사람을 본 적이 있다. 그에게 로또는 마치 종교나 다름없어 보인다. 그에게 로또를 사지 말라고 권하는 것은 삶의 희망을 버리라는 것과 같다.

이처럼 로또는 가난한 사람이나 직장인들에게 사막의 신기루나 오아시스처럼 일주일을 지탱해 주는 '희망의 등불'인 것이다.

우리 신도들 중에도 주말마다 로또를 사는 분이 있다. 어떤 거사님은 월요일 출근하면서 자동으로 한 장에 일천 원인 로또 다섯 장을 사서 지갑에 넣고서 매번 주문을 읊는다고 한다.

"그래, 이번 주 토요일이면 지긋지긋한 월급쟁이에서 벗어나는 거야."

그가 주말마다 로또를 산 지도 벌써 15년이 되었다고 한다. 중견회사의 팀장을 맡고 있지만 직장생활로 인한 스트레스는 여전한 모양이다.

결국 그 사람에게 한 마디 했다.

"거사님, 로또 1등에 당첨되면 정말 직장을 그만둘 거유?"

그러자 그가 당당하게 말했다.

"그럼요, 스님. 로또 당첨은 저 같은 샐러리맨들의 꿈인 걸요. 1등에 당첨되면 당장 회사를 그만두고 세계여행하며 가족들과 오순도순 살 겁니다."

나는 재차 물었다.

"평균 15억여 원이 로또 1등이라고 칩시다. 거사님이 받게 되

세상은 아름다운 연꽃이다

는 돈은 세금을 제외하면 11억여 원이 될 텐데, 그 돈으로 가족이 세계여행하고 나머지 돈으로 평생 살 수 있을까요?"

그는 머리를 쭈뼛쭈뼛하더니 말했다.

"그런가요. 스님. 그럼 다시 한번 생각해 봐야겠네요."

몇 주 뒤에 그에게 다시 물어보았다.

"아직도 로또 1등 당첨되면 회사를 그만 둘 작정이세요?"

처음과 다른 대답이 돌아왔다.

"좀 어려울 것 같아요, 스님. 아내와 이야기해 보았는데 직장을 계속 다니기로 했어요. 마음의 여유를 가지고요."

사실이 그렇다. 설령 로또 1등에 당첨되었다고 해서 그것만으로 직장을 그만둘 수는 없다. 지금까지 고액 당첨자들 가운데 행복하게 살고 있다는 소식을 전해온 사람은 없다. 오히려 예전보다 더 불행해졌다는 이야기는 간간이 들려온다.

물론, 로또에 당첨되는 것은 커다란 축복이자 행운임이 분명하다. 누구나 로또에 당첨되고 싶지만 복을 가지는 이는 참으로 드물다. 그렇다고 나는 로또를 사지 말라고 권하지는 않는다. 왜냐하면 확률은 없지만 누구든 당첨될 가능성이 있는 게 바로 로또이기 때문이다.

그럼, 지금부터 로또에 당첨되는 비법을 알려 드리겠다.

우선 한 주일을 시작하는 월요일에 사라. 번호는 조상님, 부처님, 예수 그리고 신께 계시를 받든, 자동으로 받든 다 좋다. 한

장을 사든 다섯 장을 사든 열 장을 사든 자신의 능력에 맞게 정하라. 명당으로 소문난 장소를 찾아가도 좋고, 입금을 시켜 택배로 사도 좋다.

지금부터가 아주 중요하다. 일단 로또를 샀으면 기를 불어 넣고 3분만 기도하라. 종교마다 의식은 각자 다르지만 편리한 대로 하라. 종교가 없으면 조상님께 기도해도 좋다.

"조상님, 부처님, 예수님. 오늘 제가 로또를 점지했사옵니다. 내가 산 로또는 우리 사회의 어려운 이웃을 위해 사용되는 기금인 만큼 좋은 곳에 사용되어 세상이 조금이라도 나아지는 데 이바지했으면 합니다. 저도 직장에서 열심히 일해 세상이 좀 더 나아지도록 노력하겠습니다. 만약, 저에게 천운이 있어서 1등에 당첨된다면 개인적 이익을 위해서만 사용하지 않겠습니다. 발행 취지에 맞게 어려운 이들이 없는지 잘 살펴보고 일부를 그들을 위해 사용하겠습니다. 저 혼자 사용하겠다는 이기적인 생각은 털끝만큼도 없사오니 저를 부디 굽어 살펴주옵소서."

이렇게 기도하면 로또가 당신을 향해 백만 불짜리 미소를 보내줄 것이다. 믿는 자에게는 기적이 온다.

로또를 사지 않으면

1등이 될 수 없듯이

서원(誓願)을 가지고

간절히 기도하면

반드시 성취됩니다.

이것이 바로 기도의 힘입니다.

마음농사를 지어라

    이른 봄, 들판에 나가보면 거름을 뿌리는 농부들의 손길이 분주하다. 부지런한 농부는 추수가 끝난 논을 갈아엎고 미리 거름을 뿌려놓는다. 이처럼 농사 준비를 하는 농부는 게으른 농부보다 다음 해에 풍성한 수확을 거둘 수 있다.

    농사에 세심한 배려가 필요하듯이 행복하려면 마음농사를 잘 지어야 한다. 어떻게 해야 마음농사를 잘 지을 수 있을까? 속담에 '눈 뜨고 코 베어간다'는 말이 있다. 그만큼 우리는 정신없는 세상에 살고 있다. 그래서 마음수련이 필요하다. 다음은 부처님과 한 농부의 이야기인데 시사하는 바가 크다.

    부처님이 길을 가다가 농사를 짓고 있는 농부를 만났다.

농부가 부처님을 보고 퉁명스럽게 물었다.

"우리는 열심히 농사를 지어야 살아갈 수 있는데 당신은 어떤 일을 하며 사시유?"

농부의 눈에는 일하지도 않고 무위도식으로 살아가는 부처님의 모습이 마뜩잖아 보였다.

부처님이 대답했다.

"당신이 농사지어 생계를 꾸리듯이 나는 마음 밭에 지혜의 종자를 뿌려 많은 이들의 행복을 구하고자 하오."

농부가 다시 말했다.

"아니 밥도 먹어야 마음농사도 지을 것이 아니오. 굶어 죽으면 아무런 소용이 없지."

부처님이 다시 웃으시면서 말했다.

"마음이 먼저인가 농사가 먼저인가가 문제인데 먼저 마음이 즐거워야 농사도 즐겁게 지을 수 있고 수확도 잘 거두게 될 것입니다."

그제야 농부는 부처님의 설법을 듣고 귀의하였다.

부처님은 생계를 위해 짓는 농사와 행복을 위해 짓는 마음농사를 구분해서 설법을 했던 것이다. 벼농사는 말 그대로 삶을 유지하기 위한 수단이지만 마음농사는 생사의 문제를 해결하고 영원한 마음의 행복을 찾는 일대사이다.

누구나 일을 하면서도 마음의 텃밭을 가꿀 수 있다. 돈이 들어가지 않는다. 하지만 대부분의 사람들은 돈을 많이 벌면 그로 인해 자신의 삶이 행복해질 수 있다고 생각한다. 틀린 생각은 아니지만 그렇다고 옳은 생각도 아니다. 문제는 일의 목적이 어디에 있는가이다. 단순히 돈을 벌기 위해 일을 하는 것은 일시적으로 즐겁겠지만 그것이 불행의 원인이 될 수도 있다는 것이다. 주위를 둘러보면, 얼마든지 돈이 없어도 행복한 사람들이 많다.

요즘은 굶어 죽는 사람이 없다. 아무리 돈이 많아도 좋은 집과 좋은 차는 가질 수 있지만 세끼 이상은 먹지 못한다. 더 먹으면 너무 배가 부르기 때문이다. 그런데 사람들은 많은 것을 가지고 있으면서도 더 가지려고 남의 것을 빼앗는다. 그래서 불행하게도 몰락하는 사람들이 있다.

법정스님의 말씀대로 '무소유'라는 것은 아무것도 가지지 말라는 것이 아니라 자신의 처지에 맞게 지니는 것인데 그 이상은 소유하지 말라는 데에 있다. 가지 많은 나무에 바람 잘 날 없는 것처럼 자식이 많으면 걱정이 늘어나듯 돈도 가질수록 걱정이 많아진다. 써도 걱정 안 써도 걱정인 게 바로 재물이기 때문이다.

그래서 나는 우리 신도들에게 이렇게 스스로 주문을 걸라고 말한다.

"돈이 많으면 정말 내가 행복해질 수 있을까? 행복은 돈에서 나오는 것일까?"

당신의 생각은 어떤가. 갑자기 하늘에서 돈이 떨어지고 로또에 당첨된다면 과연 내가 행복해질 수 있을까? 결코 그렇지 않다. 평소 마음공부가 제대로 되어있지 않은 사람은 아무리 많은 돈이 들어와도 관리를 하지 못해서 이전보다 못한 상태로 빈털터리가 될 수 있다.

마치 똑같은 물도 소가 먹으면 우유가 되고 독사가 먹으면 독이 되듯이 마음 밭을 가꾸는 사람은 언젠가는 큰 복을 받을 수 있다. 그렇기에 부처님이 말씀하신 이 '마음농사'가 필요하다.

내가 한 청년에게 물었다.

"종교가 무엇입니까?"

"부모님이 불자라서 저도 불교입니다."

내가 다시 물었다.

"그건 부모님의 종교이고, 자신의 종교는 무엇인가요?"

청년은 한마디도 하지 못했다.

부모님이 불자라서 나도 불자라고 생각하는 것은 어리석은 신심이다. 진정한 자신만의 철학을 가질 때만이 세상에서 필요한 사람이 될 수 있다.

세상은 아름다운 연꽃이다

자기 자신을 이기는 사람이 되라

결혼식 할 때 주례를 맡은 분들이 으레 묻는 말이 있다.

"검은 머리가 파뿌리가 될 때까지 신랑은 신부를 사랑하고 아끼겠습니까?"

그때 신랑은 하객을 향해 큰 소리로 "예!"하고 대답한다.

다시 신부에게도 묻는다.

"신부는 신랑을 받들어 모시고 비가 오나 눈이 오나 존경하고 사랑하겠습니까?"

다소곳하지만 신부는 결연한 목소리로 "네!"하고 대답한다.

이들은 이렇게 굳은 약속을 하고 행복한 출발을 하지만 살다보면 만만치 않은 것이 결혼 생활이다. 신혼여행 갔다가 대판 싸우고 오는 부부도 있고 심지어 회복하기 어려운 다툼으로 인해 며칠이 안 돼 갈라서는 부부도 심심찮게 있다. 성격이 맞지 않으면 맞춰 살면 되는데 한 치의 양보도 없다. 차라리 그런 부부는 빨리 헤어지는 것이 나은지도 모른다. 하지만 이유야 어떻든 요지경 세상이다.

그러다 보니 우리나라 이혼율이 세계 10위이고 아시아 1위라고 한다. 2016년 이혼율은 무려 33.7%에 이르고 65세 이상의 황혼이혼율도 30.4%에 달한다고 한다. 평균적으로 세 쌍 가운데 한 쌍이다.

왜 이런 현상이 일어나는 것일까? 경제적 이유, 배우자의 외도, 성격, 속궁합의 불이치 등이 주된 이유이지만 그중에서도 배우자의 외도로 인한 이혼율이 가장 높다고 한다. 원인을 생각해 보면 사회의 성문화가 개방적으로 변한 탓도 있지만 개인의 성적자유권을 두고 볼 때 어찌보면 당연한 현상인지도 모른다.

이처럼 세월이 지나면 세상의 관습과 인습이 변하기 마련이다. 이런 대원칙적인 입장에서 보면 높은 이혼율도 수긍할 수밖에 없다. 오래된 탑도 시간이 흐르면 허물어지듯이 사람의 마음도 점점 변한다. 처음에는 도무지 흔들리지 않을 것 같은 부부간의 사랑도 시간이 지나면 점점 퇴색되기 마련이다.

부처님이 성불을 하고 난 뒤 가장 먼저 깨달은 것은 제행무상, 제법무아, 열반적정으로서 삼법인(三法印)이다. 그중에서 제행무상은 고정된 실체는 없으며 모든 것은 시간이 지나면 변하고 사라진다는 것이다. 그러고 보면 영원한 사랑은 없다는 말이 옳다.

옛날에는 남편이 외도를 하거나 폭력을 사용해도 여성들은 참고 살았다. 그러나 지금은 어떤가. 여성들의 자기결정권은 더욱 견고해지고 확실해졌다. 차라리 참고 사느니 빨리 헤어지는 것이 더 낫다고 생각한다. 남성들도 마찬가지다.

과거에는 부부의 연을 맺으면 운명인 듯 평생을 함께 살아야 했다. 사회적으로도 이혼한 사람은 무슨 하자가 있는 것처럼 취급을 받았다. 심지어 결혼하지 않은 사람까지 이상한 시선을 받아야 했다. 하지만 그런 시대는 이미 지났다.

결혼하지 않고 혼자 사는 사람들이 많아졌다. 그들은 세금을 많이 내는 것 빼고는 그다지 불이익을 받지 않는다. 오히려 싱글로 사는 모습이 더 당당해 보인다. 게중에는 생활이 팍팍해지다 보니 연애할 시간조차 없어서 결혼하지 못하는 경우도 있다. 대학을 졸업해도 취직하기가 바늘구멍이고 또한 고용이 불안정한 비정규직이 많다 보니 결혼은 차마 꿈도 못 꾼다. 인구도 점점 감소 추세에 있다.

예전에 결혼한 여성은 일단 시집가면 '시댁의 귀신이 되어야 한다'는 유교적 관습 때문에 운신의 폭이 매우 좁았다. 그러나 지금은 여성들의 사회 진출도 많아져 어느 정도 성평등이 이루어졌다.

이런 세상에서 당당하게 홀로 서려면 많은 노력이 필요하다.

자신의 몸과 마음을 수시로 점검하여 잘못한 부분은 없는지 스스로를 잘 살펴야 한다. 수시로 사회의 환경과 조건이 변하기 때문에 항상 마음의 준비를 해야 한다. 급속도로 세상은 변해가고 있는데 자신만 그 자리에 머물고 있다면 퇴보할 수밖에 없다. 세상의 속도에 뒤처지지 않으려면 항상 자신이 누구인가를 알아서 자기관리를 철저하게 해야 한다.

자기도 변하듯이 남도 변한다. 하지만 자신이 변하고 있다는 사실을 모르는 사람이 태반이다. 자신을 아는 것과 모르는 것은 매우 큰 차이가 있다. 자기 자신을 모르는데 어찌 이 세상을 알아 현명하게 살아갈 수 있겠는가.

우리가 사는 세상은 관계에 의해 철저하게 맞물려 있다. 그 사이에서 개인은 하나의 중심축이다. 자신을 잘 알아야 변화하는 시대에 탄력적으로 대처할 수 있다. 그런데도 현실에 적응하지 못하고 '예전의 나는 그렇지 않았는데……'라며 후회한다면 그는 이미 늦은 사람이다. 이 시대에서 한참 뒤떨어지는 사람이 되고 만다.

지금은 디지털시대다. 우리는 초 단위로 변화하는 시대에 살고 있다. 이런 사회에서 숨이라도 쉬고 살려면 자기만의 중앙제어장치(CPU)를 구축해야 한다. 수시로 필요하면 용량을 추가시키고 업데이트를 시키지 않으면 안 된다. 어쩔 수 없이 우리는 그런 세상에 살고 있다. 그렇다고 중앙제어장치로 상대방을 판단해서는 안 된다.

세상은 아름다운 연꽃이다

다들 시간이 멈춰져 있기를 원하지만 세상은 나를 기다려주지 않는다. 그게 이치다. 원하든 원하지 않든 간에 우리는 인공지능 시대에 살고 있다. 벼랑의 한쪽 끝에만 매달려 있지 말고, 변화하는 큰 물결에 몸을 싣고 그 물결의 흐름을 따라야 한다.

또한 이런 세상에서 살아남기 위해서는 무엇보다 자기와의 약속을 반드시 지켜야 한다. 옛날 선지식인 성철스님은 "자기를 이기는 사람이 되고 자기와의 약속을 지키는 사람이 되라. 자신에게 지는 사람은 그 무엇도 이룰 수 없다"라고 말씀하셨다. 이 시대에 성공하려면 남을 이기는 것이 아니라 먼저 자기 자신을 이겨야 한다. 그래야 최소한 결혼이라도 할 수 있다.

홀로 선다는 것은

외로움과 맞선다는 이야기입니다.

자기를 이기지 못하고서

어찌 이 험한 세상을

살아 갈 수 있겠습니까.

남을 이기려면

먼저 자신부터 이겨야 합니다.

그래야만 능히

세상의 어려움도

이겨 나갈 수 있으니까요.

세상은 아름다운 연꽃이다

5부

작은 씨앗이
큰 나무가 된다

아침 이슬 한 방울 속에는
온 우주가 다 들어 있습니다.
한 개의 빨간 사과 속에는
햇빛과 바람과 공기가 들어 있습니다.
이것이 세상의 진리입니다.
깨달음은 바로 작은 것의 귀중함을
아는 것에서 시작됩니다.

선지식을 많이 친견하라

이 세상에 완벽한 사람은 없다. 그렇기에 가끔 시행착오를 겪기 마련이다. 나도 본의 아니게 착각을 하거나 실수를 하곤 한다. 문제는 그 실수의 원인을 제대로 알고 빨리 고치는 것이 중요한데도 자신이 한 실수가 무엇인지조차 모른다는 것이 더 심각하다. 이런 사람은 결코 발전하지 못한다.

그래서 수행자들은 가급적이면 많은 선지식을 만나야 한다. 선지식은 올바른 수행의 길을 인도하는 어른을 가리킨다. 나에게도 지금은 돌아가셨지만 오래전부터 마음속에 모셨던 선지식이 계셨다. 바로 성수대종사이다.

내가 천안에서 '부처님마을'을 개원하여 장애아들을 힘들게 돌보고 있었을 때, 성수스님은 가끔씩 찾아오셔서 나를 격려해주시곤 하셨다. 그 인연으로 인해 지금까지도 스님을 마음속의 선지식으로 모시고 있다. 아직도 기억나는 말씀이 있다.

"장애아를 돌보는 게 어디 보통 심신으로 되는 일인가. 그래도 자네 같은 이들이 있기에 이 세상이 얼마나 좋노."

"스님, 별말씀을 다 하십니다. 저도 부처님의 제자이니 당연히 할 일을 해야지요."

"그래. 저들이 장애를 가지고 있지만 마음은 연꽃처럼 맑지. 몸은 멀쩡해도 마음에 장애를 갖고 있는 사람들이 얼마나 많은가."

그때 갑자기 성수스님의 말씀을 듣고 눈시울이 뜨거웠던 적이 있다. 사랑은 받는 것이 아니라 누군가를 위해 주는 것임을 처음 깨달았던 것이다.

이처럼 성수스님의 가르침은 아주 쉽고 명쾌했다. 스님은 그 와중에도 내게 참선수행을 강조하셨는데 무척 요긴한 수행이었다. 또한 틈틈이 소책자를 만들어 찾아오는 신도들에게 나눠주기도 하셨는데 거기에는 주옥같은 법문이 가득했다. 비매품으로 발간되었기 때문에 널리 읽혀지지 않은 것이 종내 아쉽다.

그중에서도 1980년에 발간된 『불설(佛說)과 고담(古談)』이라는 책은 기억 속에 가장 오래 남아있다. 책에는 '물질과 인류의 비교'라는 글이 있었는데 부제가 '대중은 저 물질을 보라'이다. 매우 감동적이어서 잠깐 소개한다.

"자연의 물질은 소박하고 아주 작은 법도(法道)지만 한 치 한 푼도 어김없이 잘 지키며 수행을 실천하고 있습니다. 그러나 우리 범부들의 법칙(法則)은 수없이 많아도 실천수행을 전혀 하지 못하고 있습니다.

자연은 3월부터 9월까지 여섯 달 동안에 전심전력을 다해 애쓴 결실을 맺는데, 우리 범부들은 한 살부터 육십을 살아도 헛되이 허송세월만 보냈기 때문에 익기도 전에 썩어서 늙어지면 아무도 반가워하지 않습니다.

자연이나 우리나 살아가는 법도는 같은데 만물의 영장(靈長)인 인간은 썩고 자연 물질들은 익으니 그 살아가는 생활관을 좀 생각해 보아야 합니다. 자연 물질들은 밤이나 낮이나 남의 걱정할 겨를이 없이 자기 일만 열심히 해서 가을에 열매를 잘 익혀 놓으면 남에게 칭송을 받게 되거니와, 인간은 너나 할 것 없이 밤낮 걱정만 일삼다가 헛되이 세월만 흘려보내니 썩고 썩어서 누구 한 사람도 좋아하질 않습니다.

자연 물질은 잘 익어진 씨앗을 보관해 두었다가 내년 춘삼월 호시절에 다시 만남에 기뻐하거니와 우리 범부들은 '허랑방탕(虛浪放蕩)'한 인생살이가 익기도 전에 썩었으니 춘삼월이 수없이 다가온들 씨 없는 범부에게 무슨 이익이 있으리오.

극락 천당이 한없이 많아도 범부에게는 아무런 소용이 없습니다. 극락과 천당도 밝은 이의 소유가 되지만 어두운 범부에게는 항상 불평불만의 웅덩이에 푹 빠져서 날마다 죽고 사니 '화탕지옥(火蕩地獄)'밖에 아무것도 없습니다.

이래서 고인(古人)들의 말씀에 소의 눈에는 풀이 진수성찬이고, 개의 눈에는 인분(人糞)이 고귀한 음식이 된다고 했습니다. 범부의 눈과 성현의 눈도 이같이 다릅니다. 자연물질들도 인연토를 만나야 구애 없이 잘 성장하듯이, 우리 범부들도 눈 밝은 스승을 잘 만나야 도의 진취가 싱싱하게 자라서 물질파도의 고해에 빠지지 않고, 극락인지, 천당인지 하는 진미를 아는 그날이 바로 눈뜨는 날이 되리라 믿고 열심히 노력하면서 사시기를 부탁드립니다."

참으로 가슴을 울리는 가르침의 글이다. 또한 스님의 책『세상선 산수도(世上禪 山水道)』에 실린 법문도 매우 심오해서 수행자들에게 엄청난 가르침을 던져준다.

하루는 경남 합천에 사는 한 거사가 해인사로 찾아와 애원하며 말했다.

"스님만 좋은 길을 가시지 마시고 진흙탕에 빠져 있는 불쌍한 중생도 좀 살려 주십시오.'

성수스님이 말했다.

"거사야! 어서 집에 돌아가서 닭 우는 소리를 보라! 그 소리는 우주에 가득 차 있다는 뜻이니, 그것은 마치 못 속에 물이 가득 차 있는 것과 같아서 그처럼 차 있는 소리를 보면 곧 진리가 인식

되리니, 그 소리를 볼 수 있을 때 비로소 진흙물도 없고 빠질 곳도 없으며 고락(苦樂)이 없는 도리를 알리라!"

실로 감탄할 '선법문(禪法門)'으로 성수스님의 활달한 '선지(禪旨)'를 금세 느낄 수 있다. 그렇다. 부처님은 중생들을 가르치기 위해 설법한 게 아니라 중생들이 스스로 깨닫게 하기 위해 한 것이다. 그때 나는 성수스님이 바로 부처임을 알았다. 지금도 삶의 지혜를 일깨워 주셨던 선지식이 저녁마다 그립다.

아침 이슬 한 방울 속에는
온 우주가 다 들어 있습니다.
한 개의 빨간 사과 속에는
햇빛과 바람과 공기가 들어 있습니다.
이것이 세상의 진리입니다.
깨달음은 바로 작은 것의 귀중함을
아는 것에서 시작됩니다.

밥 한 그릇의 공덕

배고픈 이 밥을 주어 아사구제 하였는가

헐벗은 이 옷을 주어 구란공덕 하였는가

좋은 곳에 집을 지어 행인구제 하였는가

깊은 물에 다리 놓아 월천공덕 하였는가

목마른 이 물을 주어 급수공덕 하였는가

병든 사람 약을 주어 활인공덕 하였는가

높은 산에 법당 지어 중생공덕 하였는가

부처님께 공양 들여 선심으로 마음 닦아 염불공덕 하였는가.

서산대사가 지은 '회심곡'이라는 가사이다. 요즘 절집에서 불
자들이 많이 따라 부르는 노래이다. 여기에는 몇 가지의 공덕 방

법을 제시하고 있는데 극락에 가려면 위와 같은 선업을 많이 지어서 공덕을 받으라는 것이 주제이다. 마지막 구절에는 '나무아미타불'을 많이 염송하여 극락정토에 태어나기를 발원하고 있다. 예전만 하더라도 이 '회심곡'은 불심(佛心)이 깊은 집에서 어르신들이 돌아가시면, 음악을 틀어 놓고 가신 분을 추모했다.

예로부터 절집에서는 인심이 유달리 좋았다. 신라시대나 고려시대에도 구휼 활동이나 자비실천의 모습이 있었다. 오갈 데 없는 이들을 거두는 경우도 많았고, 가정형편이 어려운 집에서는 출가시켜 입을 덜기도 했다.

이러한 불교의 복지 활동은 부처님이 나시기 이전에도 더러 있었다.

부처님의 과거 생을 모아 펴낸 〈금색왕경〉에도 잘 드러난다. 금색왕은 백성들이 농사를 지으면 나라에서 걷어 들여 전 국민에게 공평하게 나누어서 굶는 백성이 없게 해서 추앙을 받았다는 이야기가 무척 재미있다. 그 중 하나를 소개한다.

12년 동안 가뭄이 들어서 백성들이 굶어 죽을 위기에 처하게 되자 금색왕은 신하들을 시켜 부유한 대신들이 가지고 있었던 식량들을 한곳에 모아 백성들과 공평하게 나눠 먹으며 가뭄에 대비했다.

그러나 11년까지는 잘 견뎠는데 마지막 1년만은 도무지 견디기가 힘들었다. 결국엔 왕궁에도 곡식 다섯 되만 남게 되고 왕은 물론 모든 백성들도 굶어 죽기 일보직전이었다.

그때 숲속에서 지내던 한 선인이 이 사실을 알고 금색왕과 백성들을 구제하고자 큰 원력을 세웠다. 그는 자신에게 음식을 공양하는 이에게 공덕을 베풀겠다고 스스로 다짐했다. 선인은 수행 끝에 큰 깨달음을 얻은 뒤 신통력으로 날아가서 금색왕을 만났다.

"대왕이시여. 나는 지금 몹시 배가 고파서 죽을 것 같으니 먹을 것을 좀 주시오."

그러나 신하들은 금색왕에게 이제 왕궁에서 다섯 되의 곡식만 남았으니 그것으로 옥체를 보존해야 한다고 간청했다. 하지만 금색왕의 생각은 전혀 달랐다.

"남은 곡식으로 겨우 며칠은 견딜 수 있을지 모르지만 결국에는 모두 굶어 죽게 될 것이니, 선인에게 곡식으로 밥을 지어서 보시하라. 나는 백성들과 똑같은 시간에 죽음을 맞이하겠다."

금색왕은 백성들과 함께 살고 함께 죽겠다고 결심을 했던 것이다. 그런 후 금색왕이 선인에게 공손하게 밥 공양을 올리자 선인은 오른손으로 밥을 받아먹고는 인사할 틈도 없이 홀연히 허공으로 날아가 버렸다.

그 순간 상서로운 구름이 하늘에서 뭉게뭉게 피어오르더니 온갖 곡식과 과일이 비 오듯 떨어졌다. 금색왕과 신하들은 기뻐서 어쩔 줄을 모르고 선인에게 두 손 모아 경배를 올렸다.

금색왕은 대신들과 백성들에게 말했다.

"모든 신하와 백성들은 들어보시오. 나는 겨우 선인에게 한 그릇의 밥을 보시했을 뿐인데 그 공덕으로 온 나라의 백성들이 굶주림에서 벗어날 수 있는 큰 보시를 받았소. 뿐만 아니라 온갖 곡식이 일주일 동안 비 오듯 쏟아졌고, 양의 젖으로 만든 음식과 비단과 진주 마노 등이 쏟아졌으니 그대들은 한 그릇의 밥에 대한 보시공덕을 잊어서는 안 되오."

금색왕은 전생의 부처님이었다. 굳이 이 전생 이야기나 서산대사의 '회심곡'의 내용이 아니더라도 우리 주변에는 어려운 이웃이나 노숙자가 아직도 많다. 그들을 위해 요즘에도 탑골공원이나 역전에서 따뜻한 밥 한 그릇을 보시하는 스님과 자원봉사자들이 아직도 많다는 것은 그나마 다행이다.

이렇듯 따뜻한 밥 한 끼의 선근공덕은 지대하다. 사실 이 같은 일은 종교인이나 불자들보다 먼저 국가가 나설 일이다. 그런데도 복지의 사각지대가 아직 너무 많은 현실이 씁쓸하다.

길을 가다가 길거리에 앉은

힘든 노숙자를 본적이 있나요.

당신은 어떤 생각이 들었나요.

단지 남들보다 게으르기 때문에

그런 힘든 삶을 살고 있을까요.

그건 아닐 겁니다.

한 번쯤 그들을 이해하려고 노력해 보세요.

우리는 다 같은 이웃입니다.

측은지심을 나누어 보세요.

작은 씨앗이 큰 나무가 된다

아무리 작고 사소한 것일지라도 지극한 마음으로 정성을 다하면 '작은 씨앗이 큰 나무가 되듯이' 큰 복을 얻을 수 있다. 요즘 사람들은 도무지 타인의 일에는 관심이 없고 상대방에 대한 예의도 없다.

오늘날 성공한 사람들은 타인에게 예의가 바르고 친절하며 항상 자신에게 주어진 일에 최선을 다했다고 한다. 어찌 보면 너무도 빤한 이야기지만 이를 실천하는 것은 어렵다.

불교 경전을 읽어 보면 다음과 같은 이야기가 나온다.

어느 날 부처님이 한 마을로 걸식을 나갔다. 그곳에는 뿌리가 아주 깊은 큰 나무가 있어서 마을 이름이 '다근수(多根樹)'가 되었다.

멀리서 부처님이 걸어오시는 모습을 보고 가난한 장자의 부인이 말했다.

"위대한 성자가 지금 우리 마을로 오시고 있다. 과거 그분은 왕자의 신분이어서 평생 권위를 누리면서 편안하게 살 수도 있었으나 진리를 얻어 어리석은 중생들을 제도하시기 위해 걸식을 하고 계신다. 나는 오늘 그분을 위해 지극한 마음으로 공양을 올려야겠다."

부처님이 가까이 다가오자 장자의 부인은 밭에서 보리로 죽을 끓여 정성껏 공양을 올렸다. 그 순간 부처님은 얼굴에 환한 미소를 지으면서 여인의 공양에 화답했다.

제자인 아난다는 돌아오는 길에 부처님께 물었다.

"세존이시어, 왜 그 여인에게 그토록 지극한 환대를 하시었습니까?

그러자 부처님이 대답하셨다.

"비록 그 여인은 가난하지만 지극 정성으로 내게 공양을 올렸느니라. 그녀는 그 공덕으로 이다음에는 천상에 태어나서 한없는 복락을 누리다가 마침내 깨달음을 얻는 독각(獨覺)이 될 것이니라."

순식간에 소문은 마을 전역에 퍼졌다. 그런데 여인의 남편인 장자는 소문을 듣고 크게 화를 내며 부처님을 찾아가 따졌다.

"당신은 조용히 살고 있는 나의 아내에게 아주 작은 보시를 받아 놓고서 어찌하여 그렇게 큰 복덕을 누릴 것이라고 예언하셨소?"

부처님은 그를 조용히 타일렀다.

"나는 당신 부인의 정성을 보고 그렇게 예언한 것이오. 지극한 마음은 물질의 적고 많음에 있는 것이 아닙니다. 부인이 남을 대할 때 예의를 갖추고 정성을 다하는 것을 보니 저절로 나의 마음이 동하였기 때문이요. 분명히 부인은 홀로 깨달은 성자가 될 것이오. 마을에 있는 다근수 나무를 보시오. 나무의 씨앗이 어느 정도 크기인지 아시오?"

갑자기 부처님이 다근수 나무의 씨앗 크기를 묻자 장자는 더듬거리면서 답했다.

"그야 씨앗의 크기는 겨자씨 정도로 아주 작아서 손가락으로 집을 수 없는 크기이지요."

다시 부처님이 답했다.

"그와 같은 것이오. 다근수 씨앗이 겨자씨 정도로 아주 작지만 땅에 심고 누군가가 지극한 정성으로 키우면 나중에 온 마을 사람들이 그 아래에서 쉴 수 있는 거목이 되는 것이오. 반대로 씨앗만 심어 놓고 가꾸지 않으면 나무는 금방 죽을 수밖에 없소. 이처럼 지극하게 남을 공경하고 항상 친절을 베푸는 부인의 착한 행위는 후에 큰 공덕이 되어서 천상에 다시 태어나게 되고 또한 깨달은 자인 독각이 될 수 있소. 나는 있는 그대로 예언을 한 것이오. 뭐가 잘못되었소?"

장자는 이 말을 듣고서 당장 그 자리에서 부처님께 엎드려 예배를 올리고 귀의를 했다고 한다.

이처럼 남을 도울 때도 남의 처지를 잘 살펴서 진심으로 해야 한다. 그래야만 받는 이도 주는 이의 마음을 이해하고 감화를 받아 나중에 잘 될 수가 있다. 만약 도움을 받은 이가 어려운 처지에서 벗어나 부자가 되면 그도 어려운 사람을 돕게 된다. 남을 도울 때 그저 무언가를 바라거나 형식적으로 한다면 아니한 것만 못하다. 또한 그런 보시는 아무런 공덕이 없다. 진정한 보시는 대가를 바라지 않는 '무주상보시(無住相布施)'이다.

씨앗이 자라서
나무가 되고
열매를 품습니다.

세상은 순환합니다.
이것을 과학자들은
우주라고 하지요.

진리는 대단한 것이 아니라
씨앗과 열매가 진리입니다.

이렇듯 진리는 우리의 삶
가까이에 자리하고 있습니다.
지금이라도 눈을 크게 뜨고 보세요.

작은 씨앗이 큰 나무가 된다

인생에는 정답이 없다

누구나 어린 시절을 돌이켜보면 대부분 아련한 추억들을 간직하고 있다. 학창시절은 그런 추억들을 먹고 자란다. 하지만 어른이 되어서 마주한 세상은 그 시절과는 달리, 모두 생소하고 힘들어서 눈앞에 위기가 닥치면 당황하기도 하고 때로는 큰 좌절을 겪기도 한다.

학교 시험은 열심히 공부하면 답을 찾을 수 있지만, 인생에는 정답이 없다. 만약 수학처럼 정답이 있다면 우리는 전혀 번민할 필요조차 없다. 아쉽게도 인생은 정답이 없기에 그 앞에서 늘 괴로워하고 포기하고 절망하고 갈팡질팡한다. 하지만 이 또한 인생이다.

한 번쯤 가만히 생각해 보라. 정말 인생에는 정답이 없을까?

분명한 것은 그에 가까운 해답은 찾아낼 수 있다는 것이다. 선현 (先賢)들이 걸어온 삶에서 찾을 수 있다. 그렇다면 수행자는 선지식들의 삶에서, 예술을 지망하는 자는 위대한 예술가들의 삶에서, 과학자가 되려는 사람은 위대한 과학자들의 삶에서 그 답을 구할 수 있을지도 모른다. 이것은 통계로도 나타난다. 말하자면 위대했던 그들의 삶이 후세의 표본이 된다.

그런데 이것을 알지 못하고 인생을 함부로 사는 이들이 많다. 심지어 매일 자신의 몸을 혹사하면서 '막행막식(莫行莫食)'을 한다. 취할 정도로 술을 마시고 함부로 몸을 굴린다. 그런 이는 올바른 행(行)도 없고 의식도 없다. 더욱 나쁜 점은 반성은커녕 오히려 자신의 행동을 합리화한다는 데에 있다.

심지어 어떤 수행자는 '대처(帶妻)와 막행막식(莫行莫食)'의 삶을 살면서도 마치 자신을 걸림없는 '무애행(無碍行)'을 실천하는 도인이라고 우긴다. 이런 모습은 진정한 수행자라고 할 수 없다.

그렇다면 우리는 정답 없는 인생을 어떻게 살아야 할까? 시대를 앞서간 사람들을 살펴보는 것도 좋다.

천재 화가 빈센트 반 고흐는 자신의 삶에 대해 이렇게 말했다.

"꿈속에서 나는 날마다 그림을 그렸고 깨어나서도 오직 그림만을 그렸다."

그는 자나 깨나 오직 그림만 생각하는 치열한 화가로의 삶을 살았던 것이다. 비록 고흐의 삶은 비참했지만, 오직 그림에만 심취했던 그는 우리 인류가 기억하는 가장 위대한 화가로 남아있다. 이렇듯 노력하지 않는 이는 결코 성공할 수 없다.

월트디즈니는 19세에 첫 애니메이션을 만든 이후 타계할 때까지 어린이들에게 꿈과 환상의 나래를 펼쳐준 사람이다. 만화에서나 구현이 가능했던 장소를 현실에 반영하여 월트 디즈니랜드 공원을 세상에 내놓아 아이들의 꿈을 키웠다. 그가 한 말은 매우 유명하다.

"꿈꿀 수 있다면, 이룰 수 있습니다. 지금 내가 이룬 것들은 어릴 때의 꿈과 쥐 한 마리로 시작되었습니다."

세계적인 연극배우 찰리 채플린은 인생에 대해 이렇게 정의했다.

"삶이란 멀리서 보면 희극인데 가까이서 보면 비극이다"

그는 매우 힘든 삶을 살았지만, 그의 연극과 영화를 보면서 많은 사람들은 인간의 '희로애락(喜怒哀樂)'을 교감했다. 한 명의 배우가 인류에게 준 감동은 지금까지도 남아있다.

그들이 살았던 삶의 방식은 확실히 정답은 없지만 누구보다도 자신의 일에 최선을 다했다는 공통점이 있다. 각자 살아가는 삶의 방식과 가치관은 저마다 다르다. 하지만 사람은 '어떻게 살 것인가?'라는 삶의 가치관 하나쯤은 갖고 있어야 한다. 그래야만 미래에 대해 현명한 대처를 할 수 있고 자신만의 아름다운 꽃을 피울 수가 있다.

지금 당신은 어떤 꽃을 피우고 있는가?

이 지상에서 지금 당신은
어떤 꽃을 피우고 있나요?
자신만의 꽃을 피울
단 한 평의 땅이라도 있나요?
없다면 당장이라도
자신만의 꽃을 피울
땅을 마련해 보세요.
그 땅은 바로 자비입니다.

작은 씨앗이 큰 나무가 된다

자신의 그림자에 부끄럽지 않는 삶

'독립불참영 독침불괴금(獨立不懺影 獨寢不愧衾)'

내가 잘 알고 있는 어느 노스님이 평생 마음에 새긴 경구인데 중국의 한 선비가 읊은 시의 한 구절이다.

풀이하면 '홀로 서 있어도 자기 그림자에 부끄러움이 없고, 홀로 잘 때도 자기 이불에 부끄러움이 없어야 한다"이다.

오랫동안 가슴 깊이 새겨둘 말인 것 같다.

청년 시절 노스님은 절집에 들어와서 몇십 년 동안 은사스님을 모시고 살았다. 절집도 세속처럼 갈등이 많고, 문중에서 일어나는 갈등도 있지만 스님은 워낙 과묵한 성격이라서 자신의 주장을 펴는 일이 거의 없었다. 또한 스승의 뜻이라면 죽는 시늉까지 할 정도였다.

사중에 뜻하지 않게 큰일이 터져 절에서 쫓겨나오는 일이 생기기도 했고, 정작 오갈 데가 없어서 막막한 상황에 처하기도 했다. 하지만 묵묵히 일심으로 기도정진만을 하자 신도들이 마음을 내어 십시일반으로 보시금을 모아서 서울 인근에 절터를 마련해주어 부처님 도량을 일궜다.

세월이 흐르고 난 뒤, 절 주변에 신도시가 들어섰고 대규모 주거지가 건설돼 기도 도량으로 어엿하게 자리를 잡았다. 그럴수록 노스님은 마음을 더 내어 항상 부끄럽지 않은 수행자의 모습으로 '자기 그림자에 부끄럽지 않고 잠잘 때 이불에게 부끄럽지 않는 삶'을 살고자 노력했다. 당연히 신도들은 그런 스님을 존중하고 믿고 따르면서 신행생활을 열심히 했다.

물질문명 속을 살면서 사람이 자기 자신에게 부끄럽지 않는 삶을 살아가기란 결코 쉽지 않다. 상대를 속여야만 이득을 얻는 물질세상에서 자신에게 부끄럽지 않은 삶을 산다는 건 사실 힘들다. 어쩌면 오탁악세(五濁惡世)의 세상에서는 부처밖에 없을지도 모른다.

성철스님도 일생을 살면서 "자기 자신을 속이지 말라"고 강조하셨다. 만약 모든 사람들이 자신을 속이지 않고 남보다 자신에게 스스로 떳떳한 삶을 살아간다면 악은 사라지고 선(善)이 꽃피는 사회가 될 것은 자명하다. 말처럼 그렇지 못한 현실이 나로서는 그저 안타까울 뿐이다.

사실, 이런 세상에서 출가는 쉬운 일이 아니다. 출가는 부모와 형제자매와의 인연은 물론 친구 등 사랑하는 모든 인연을 끊는 일이다. 그래서 여간 독한 마음을 먹지 않고서는 감행할 수 없는 일이다. 하지만 어쩌랴, 사랑하는 모든 인연을 끊고 사는 것이 바로 수행자의 인연법이다. 또한 출가 이후에도 노스님처럼 철저하게 자신을 잘 다스리면서 수행해야 한다. 말하자면 출가보다도 더 힘든 것이 그 이후의 삶인 것이다.

물론, 불자들의 삶도 하나의 수행이다. 아버지는 아버지로서, 어머니는 어머니로서, 선생님은 선생님으로서, 자신의 본분에 맞게 최선을 다하는 것도 하나의 수행이다. 그렇지만 자신의 역할에 맞게 행동하고 실천하면서 살아가는 것은 몹시 어려운 일이다.

오래전 노무현 대통령은 대통령 후보로 나오면서 '보통사람'이란 표현을 했다. 일반 서민 이미지를 내세우기 위한 말이지만 이 땅에서 '보통사람'으로 살아가는 것도 여간 힘든 게 아니다.

사람 구실하며 살아가기가 사실상 얼마나 힘든 세상인가? 자녀교육은 물론, 대소사를 챙기고 가족을 돌보려면 도무지 적당히 살아서는 살 수가 없다. 혹여 집안에 어려움이 생기게 되면 해결하기 위해 백방으로 뛰어다녀야 한다. 주변으로부터 좋은 사람이라는 소리를 듣고 사는 것도 참 힘들다.

걱정 없는 인생이 어디 있겠는가. 그렇지만 사람은 보여주기 위한 삶이 아니라 스스로에게 당당한 삶을 살아갈 수 있는 자기만의 원칙만은 있어야 한다. 너무 걱정하는 삶도 건강에 좋지 않다.

주변에 이끌리다 보면 어느 순간 자신의 위치를 잃어버릴 수 있다. 그러지 않기 위해서는 인생목표를 세우고 그것을 향해 자신만의 삶의 기준을 세워야 한다.

예를 들면 20대는 미래를 위한 목표를 세워야 하고 30대는 그 목표를 위해 노력해야 하고 40대는 자신이 어떤 위치에 서 있을 것이고, 50대가 되면 어떤 일을 성취하겠으며, 60대 은퇴 시기가 되면 어떤 사람이 되어있을 것이라는 분명한 목적의식이 있어야 한다는 것이다.

세월은 화살처럼 빠르다. 세월만 어영부영 보내다가 자칫하면 돌이킬 수 없는 인생의 패배자가 될 수 있다. 누구도 인생을 장담할 수 없다. 그러므로 자신의 운명은 자신만이 설계해야 한다. 도전하는 사람에게는 반드시 한 번의 기회가 오기 마련이다. 자신의 운명을 바꿀 수 있는 사람은 오직 자신뿐이다.

그러므로 자신을 속이지 말고 자신에게 충실하라. 새로운 관점에서 세상을 바라보라. 아주 사소한 차이가 인생의 성패를 좌우한다. 발상을 전환해 남들과는 다른 길을 가라. 세상을 바꿀 아이디어는 멀리 있지 않고 자기 자신에게 있음을 명심하라.

이 몇 가지를 마음속에 새기고 있으면 언젠가는 반드시 복이

작은 씨앗이 큰 나무가 된다

찾아올 것이다. 기회가 오면 그걸 놓치지 않고 열심히 노력하면 반드시 자신의 꿈을 이룰 수 있다. 이때 가장 중요한 것은 노스님의 말씀처럼 '자신의 그림자에게 부끄럽지 않은 사람'이 되어야 한다는 것이다.

허리가 굽으면
그림자도 따라 굽습니다.

자신만의 깨끗한 그림자를
지니는 이가
가장 훌륭한 사람입니다.

당신은 어떤 그림자를
가지고 있습니까.

자신의 그림자에
부끄럽지 않은 사람이 되세요.

어떻게 살다가 어떻게 죽을 것인가

어떻게 사는가도 중요하지만 어떻게 죽음을 맞이할 것인가도 매우 중요하다. 물론 죽고 사는 문제를 스스로 결정할 수 없다. 그러나 수행이 깊은 옛 선사들은 죽는 날을 정해서 스스로 세상을 떠났다는 기록도 있다. 앉아서 죽음을 맞기도 하고 또 어떤 선사는 물구나무선 채로 세상과 이별하는 '이적(異蹟)'을 보이기도 했다. 깨달음의 경지에 이르게 되면 삶과 죽음을 초월한 모습을 드러내게 되는가 싶다.

그렇지만 태어난 이상 누구나 죽음만은 면할 수 없다. 이것은 만물의 이치다. 만약 죽음이 없다면 우리가 살고 있는 이 지구는 인구폭발과 오염, 기아로 이미 멸망했을 것이다. 때문에 죽음이 없는 곳은 재앙일 수도 있다. 죽음이 있기에 현재의 삶이 의미가 있다. 지금 이 순간을 행복하고 즐겁게 살아야 한다.

성자인 부처님도 열반에 들었고, 예수님도 손에 못 박혀 돌아가셨다. 이렇듯 사람에게 있어 생로병사는 반드시 겪는 통과의례다. 이 사실을 제대로 자각하면 오히려 삶에 초연해질 수 있을 것이다. 이참에 죽음에 관한 이야기 하나를 할까 한다.

마을의 한 여인이 죽은 아들을 안고 대성통곡하고 있었다.

마침 부처님이 지나가는 모습을 본 여인은 달려가서 아들을 살려달라고 애원했다.

그러자 부처님은 담담하게 여인에게 말했다.

"여인이여, 내가 당신의 아들을 살려드리겠습니다. 다만 제 말을 듣고 실행에 옮겼을 때만 가능한 일입니다."

여인은 아들을 살리는 일이라면 무슨 일이든지 하겠다고 부처님에게 맹세했다.

"여인이여 마을에 있는 집들을 모두 방문하여 과거부터 지금까지 친척들 중에 죽은 사람이 한 명이라도 없는 집을 찾아서 내게 일러주시오. 그러면 당장 아들을 살릴 것이오."

여인은 부처님의 말씀을 듣고 너무나 쉬운 일이라는 생각에 기뻐하면서 그 길로 마을의 구석구석을 다니며 과거부터 죽음을 겪지 않은 집을 찾아 헤맸다. 하지만 죽음이 없는 집은 단 한 곳도 없었다. 아니, 있을 리가 만무했다.

여인은 절망에 빠져서 자신의 집으로 돌아오면서 왜 부처님이 그런 제안을 했는가를 곰곰이 생각했다. 살아있는 것들은 언젠가는 모두 죽음을 맞이한다는 것을 그때 비로소 깨우치게 되었다. 이것은 바로 '죽음에 대한 본질'적인 문제였던 것이다.

"아, 그렇구나. 죽음을 겪지 않은 집들은 없구나. 태어나면 누구나 반드시 죽어야만 하는구나."

여인은 슬픔을 거두고 부처님께 예배를 올리고 귀의했다.

이처럼 죽음은 늘 우리 가까이 있지만 그것에 대해서 우리는 크게 관심이 없다. 하지만 주위에서 죽음은 때로 갑자기 찾아온다. 그때 비로소 느끼게 된다. 하지만 사람들은 이런 사실을 깨닫지 못하고 오직 재물과 명예에만 집착하고 이것이 원인이 되어 스스로 번뇌를 만들고 있다.

그러므로 부처님 말씀대로 '사람은 언젠가는 꼭 죽게 된다'는 사실을 생각하면서 산다면 조금이라도 욕심을 덜어낼 수 있을 것이다.

누구나 죽는다는 것을 생각하면서 사는 것과 죽으려 하는 마음을 가지는 것은 천지 차이이다. 말하자면, 사람의 목숨은 항상 유한하다는 현실을 깨닫게 되면 하루하루의 삶이 축복임을 알게 된다는 것이다. 이로 인해 '지금 이 순간'이 얼마나 큰 행복임을 알게 되고 더욱더 내게 주어진 나날을 열심히 살아가게 된다.

요즘은 웰다잉 강좌가 많이 개설되었다. 심지어 죽음을 연구하는 '죽음학연구소'도 생겨서 그곳에서 '어떻게 죽을 것인가?'라는 주제로 강연도 열린다. 그만큼 삶과 죽음은 떨어질 수 없는 불가분의 관계이다.

하지만 불가에서의 죽음은 관점의 차이에 따라서 다르겠지만 삶의 끄트머리에 있는 것이 아니라 내생의 시작으로 본다. 때문에 죽음은 삶의 한 과정이며 죽음으로 인해 모든 게 끝나는 게 아님을 가르쳐준다. 착한 일을 많이 해서 현생에 많은 선업을 쌓으라는 것도 바로 이같은 이유이다.

말하자면, 죽음은 내생을 위한 것이고 자신이 쌓은 선업의 공덕으로 좋은 곳에 다시 태어날 수 있다는 것이 불교의 내생관이다. 그러니 '지금 이 순간'이 얼마나 소중한 시간인가.

나라는 존재는 우주 속의 한 티끌에 지나지 않는다. 죽으면 아무것도 가지고 갈 수 없다. 아무리 많은 재물도 높은 명예도 잘난 자식도 다 소용없다. 그러므로 늙으면 어떻게 남은 여생을 보낼 것인가를 우리는 고민해야 한다. 그것이 바로 깨달음의 길이다.

뉴스를 틀면

날마다 사건사고가 있습니다.

한마디로 지옥 같은 이야기뿐입니다.

이런 세상에서 마음

편하게 사는 방법은

놓고 버리고 비우는 것입니다.

한 번쯤 모두 다 내려놓고

먼 하늘을 바라보세요.

아무리 그래도

우리 사는 세상은

그지없이 아름답다는 걸

깨닫게 됩니다.

작은 씨앗이 큰 나무가 된다

긍정적 사고가 인생을 성공으로 이끈다

잭 캔필드(Jack Canfield)는 카운셀러이자 저술가로서 라디오와 TV 토크쇼의 최고 인기 게스트이자 칼럼니스트로 명성이 높은 미국인이다. 그는 사람들에게 성공적으로 삶을 사는 방법을 오래전부터 전해오다가 불의의 교통사고로 하반신이 마비됐지만 자신에게 닥친 큰 불행을 오히려 삶의 일부로 담담하게 받아들여서 많은 사람들을 감동시켰다.

"하반신 마비가 되기 전, 내가 했던 일은 만 가지나 되었다. 그러나 지금 내가 할 수 있는 일은 9천 가지뿐이다. 나는 잃어버린 천 가지 일을 못 한다는 사실에 대해 조금은 아쉽지만, 아직도 나는 9천 가지 일을 하면서 살 수 있음에 행복을 느낀다."

많은 사람들은 불행이 닥쳐오면 낙담한다.

"왜 나에게만 이런 불행이 찾아오는 거야?"

자신에게 닥쳐온 불행을 좀처럼 받아들이지 못하는 것이다. 그러나 불행은 또 다른 불행을 몰고 온다. 한번 힘든 일을 당하게 되면 그에 대한 여파로 다른 힘든 일이 오기 마련이다. 그로 인해서 연이어 마음의 고통을 겪는다. 이처럼 인생은 즐거움과 괴로움이 수시로 교차한다.

그래서 불교에서는 인생을 고통의 바다라고 해서 '고해(苦海)'라고 하지 않았던가. 그러나 잭 캔필드는 절망적인 삶 속에서도 놀라운 발상을 했다. 전신마비라는 체념할 수밖에 없는 상황에서도 그는 자신의 삶을 오히려 긍정적으로 받아들이고 자신이 할 수 있는 일이 무엇인가를 생각해내고 그것을 하기 위해 노력함으로써 전 세계 사람들의 가슴을 울렸던 것이다.

우리가 평생을 살아가면서 할 수 있는 일은 얼마나 될까? 뇌는 엄청난 일을 할 수 있지만 활용하는 건 겨우 10%도 되지 않는다고 한다. 이 말은 이용하면 할수록 그 능력이 무한대로 늘어난다는 뜻이 된다. 말하자면 잭 캔필드는 자신이 일을 하지 못하는 것에 대한 아쉬움보다는 긍정적인 사고로 새로운 일에 도전했던 것이다.

그럼, 긍정적인 사고는 무엇 때문에 중요한 것일까? 모두가 알고 있는 이야기이지만 긍정적인 생각이 어떻게 몸을 건강하게 하는가를 들려주겠다.

옛날 시장통에서 짚신 장사를 하는 아들과 우산 장사를 하는 아들을 둔 할머니가 있었다. 언제나 할머니는 근심걱정을 안고 살았다. 한숨 소리가 시장통을 떠나지 않았다. 보다 못해서 옆집 할머니가 물었다.

"할멈, 뭘 그리 고민하고 사시유?" 또다시 할머니는 자신의 신세를 한탄하기 시작했다.

"내게 두 아들이 있어요. 근데 한 녀석은 짚신을 팔고 다른 녀석은 우산을 판다오. 비가 오는 날이면 짚신장수 아들이 장사가 안 되니 걱정이고, 맑은 날은 우산장수 아들이 걱정돼서 이렇게 한숨 가실 날이 없다오."

말을 들으니 그럴듯했지만, 옆집 할머니는 매사에 긍정적이었다.

"아이고 할머니. 뭐가 걱정이에요. 비가 오면 우산장사 하는 아들이 돈을 잘 벌 것이라고 생각하고, 맑은 날이면 짚신장사 하는 아들이 돈을 잘 벌 것이라고 생각하면 되지 그러고 보니 할머니에겐 날마다 좋은 날이네요."

상황은 똑같았는데 생각하는 바가 정반대였다. 할머니는 긍정적인 말을 듣고서 무릎을 탁! 쳤다.

"아! 그렇군요. 진작 왜 그 생각을 못했을까."

그 후부터 할머니는 긍정적인 생각만을 하며 날마다 즐겁게 살았다고 한다.

누구든지 힘든 상황에 처하면 한 번쯤 발상을 전환해 보시라. 어렵고 힘든 상황이 닥쳤을 때 '나보다 더 어려운 사람을 생각해 보라'는 것도 좋은 방법이다. 자신이 처한 일이 오히려 가벼워 보이면서 극복할 수 있는 의지를 가질 수 있다.

물론 생각처럼 쉽지는 않다. 그럴 때는 생각을 잠시 멈추고 강물처럼 흐르는 대로 내버려 두거나 명상을 권하고 싶다.

아무리 힘든 일도 다 지나간다. 내리는 비가 반드시 멈추듯이 말이다. 어떤 상황이든지 참고 견디면 모든 일은 극복할 수 있다. 시간은 그래서 '약'이라고 하지 않던가.

사람들은 자기만 힘들다고 생각합니다.
사람들은 남들보다 못생겼다고 생각합니다.

사람들은 쓸데없이 자신을 비하합니다.
알고 보면 당신보다 힘들지 않은 사람과
예쁜 사람은 몇 안 됩니다.

모든 것은 단지 마음이 지어낸 것입니다.
당신은 충분히 남들보다 아름답습니다.

열 가지 큰 장애가 되는 행동

불교경전 중 '보왕삼매론(寶王三昧論)'이라는 게 있다. 절에 가면 스님들이 코팅해서 선물로 주기도 하고 벽에 붙여 놓고 오고 가는 사람들에게 읽고 마음에 새기라고 권한다.

'보왕삼매론'은 중국 원나라 말기부터 명나라 초기에 걸쳐 염불수행으로써 중생을 교화하셨던 묘협스님이 지은 '보왕삼매염불직지(寶王三昧念佛直指)' 22편 중 제17편 '십대애행(十大礙行: 열 가지 큰 장애가 되는 행)'에 나오는 구절을 가려 뽑아 엮은 글이다.

첫째는 '몸에 병 없기를 바라지 말라. 몸에 병이 없으면 탐욕이 생기기 쉽나니, 그래서 성인이 말씀하시되 "병고로써 양약을 삼으라"고 하셨느니라'이다.

살다 보면 몸에 병이 없을 수가 없다. 더구나 나이를 먹게 되면 오지 않던 병고도 하나 둘 오는 게 우리 몸뚱이다. 병원에 가보면 나이에 관계 없이 모두가 치료받으러 온다. 자기 몸이 건강하다고 자만하지 말고, 잘 관리하며 살아야만 노년에 고생하지 않는다.

둘째는 '세상살이에 곤란함이 없기를 바라지 말라. 세상살이에 곤란함이 없으면 업신여기는 마음과 사치하는 마음이 생기나니, 그래서 성인이 말씀하시되 "근심과 곤란으로써 세상을 살아가라"고 하셨느니라'이다.

집집마다 나름대로 다 어려움이 있다. 항상 행복과 불행이 교차한다. 집안에 어려움이 생겼을 때는 지혜를 발휘해 잘 극복해야 한다.

셋째는 '공부하는데 마음에 장애 없기를 바라지 말라. 장애가 없으면 배우는 것이 넘치게 되나니, 그래서 성인이 말씀하시되 "장애 속에서 해탈을 얻으라"고 하셨느니라'이다.

순간 순간 변하는 게 사람의 마음이다. 마음은 한 곳에 집중하기가 쉽지 않고 늘 온 우주를 떠돌기 때문에 한곳에 마음을 집중시켜 자신의 마음이 움직이는 것을 참선으로 잘 관찰해야 한다.

넷째는 '수행하는데 마(魔)가 없기를 바라지 말라. 수행하는데 마가 없으면 서원이 굳건해지지 못하나니, 성인이 말씀하시되 "모든 마군으로서 수행을 도와주는 벗을 삼으라"고 하셨느니라'이다.

참선을 하다보면 이런저런 망상이 생기게 된다. 어린 시절 놀던 생각부터 어떤 이는 학창시절 외웠던 영어단어까지 갑자기 생각난다고 한다. 그런 생각들을 흘려보내고 마음을 깨끗한 호수로 만든다고 생각하고 수행해야 한다.

다섯째는 '일을 꾀하되 쉽게 되기를 바라지 말라. 일이 쉽게 되면 뜻을 경솔한 데 두게 되나니, 성인이 말씀하시되 "여러 겁을 겪어서 일을 성취하라" 하셨느니라'다.

옛말에 '호사다마(好事多魔)'라고 했다. 좋은 일에는 꼭 마장이 끼어서 처리해 나가는데 어려움이 많이 생긴다는 뜻이다. 호락호락한 게 하나도 없다는 말이다. 차근차근 한 단계씩 밟아 올라가 이뤄놓은 성과는 오랫동안 무너지지 않는 것이 자명한 이치임을 명심하라.

여섯째는 '친구를 사귀되 내가 이롭기를 바라지 말라. 내가 이롭고자 하면 의리를 상하게 되나니 성인이 말씀하시되 "순수함으로써 사귐을 길게 하라" 하셨느니라'이다.

무슨 대가를 바라고 사람을 사귀면 거기에는 항상 이권(利權)이 개입되게 된다. 어릴 적 친구가 좋은 것은 이권이 없기 때문이다. 학창시절 친구와 사회나 직장의 동료 관계는 상당한 차이가 있다. 대가 없는 순수한 우정은 변함 없이 오래 간다.

일곱째는 '남이 내 뜻대로 순종해 주기를 바라지 말라. 남이 내 뜻대로 순종해 주면 마음이 스스로 교만해지나니 성인이 말씀하시되 "내 뜻에 맞지 않는 사람들로 무리를 이루어라" 하셨느니라.'이다.

한 배에서 태어난 쌍둥이도 생각하는 바는 다르다. 하물며 나와 같은 뜻을 가진 타인을 기대하기란 불가능하다. 다름을 인정하고 공존하는 마음으로 삶을 살아야 상생(相生)할 수 있다. 여덟째는 '공덕을 베풀려면 과보를 바라지 말라. 과보를 바라면 도모하는 뜻을 가지게 되나니, 성인이 말씀하시되 "덕을 베풀었다면 그 생각을 헌 신처럼 버리라" 하셨느니라'이다.

내가 무슨 좋을 일을 했다고 상을 내는 것은 또 다른 헛된 상을 만드는 것이니 버려야 한다. 좋은 일을 했다는 그 생각마저 버려야 자신의 선행이 고스란히 좋은 업으로 남는다.

아홉째는 '이익을 분에 넘치게 바라지 말라. 이익이 분에 넘친 결과를 바라면 어리석은 마음이 생기나니, 그래서 성인이 말씀하시되 "적은 이익으로서 부자가 되라" 하셨느니라'이다.

'소욕지족(少欲知足)'의 삶을 강조하는 말이다. 강물이 넘치면 범람해 홍수 피해를 입게 되듯이 무엇이든지 적당한 게 좋고 자신의 위치와 분수에 맞게 행동해야 한다. 오르지 못할 나무를 쳐다보고만 있다가는 아무것도 하지 못한다.

열 번째는 '억울함을 당했을 때 그것을 밝히려고 하지 말라. 그로 인해 원망하는 마음이 일게 되나니, 성인이 말씀하시되 "억울함 당함을 수행의 문으로 삼으라"고 하셨느니라'이다.

'사필귀정(事必歸正)'이란 말이 있다. 결국 잘못된 것은 바르게 된다는 뜻이다. 너무 서둘러 억울함을 풀려고 들다가는 오히려 더 큰 어려움에 처할 수 있다. 참아내며 서둘지 말고 서서히 그 억울함을 풀 수 있도록 노력하면 된다.

'보왕삼매론'에 있는 가르침은 구구절절 매우 깊다. 항상 마음속에 새기고 살면 인생에 큰 도움이 될 것이다.

누구에게나
인생은 힘들지만
당신이 멍청하면
더 힘들어지는 게
바로 인생이다.
- 존 웨인

방생의 공덕

　요즘 등산과 낚시를 취미로 즐기는 사람이 매우 많아졌다. 등산은 산지가 많은 우리나라 지형을 감안하면 국민운동으로 매우 적합해 보이지만 낚시는 한 번쯤 생각해 볼 여지가 있는 것 같다.

　낚시를 취미생활로 즐기는 인구가 700여만 명에 이르다 보니 전문 낚시 케이블 채널도 몇 개나 생기고 낚시 관련 정보도 많이 늘어났다. 나로서는 놀라울 정도다. 몸집보다도 더 큰 고기를 잡아서 어깨에 둘러메고 즐거워하는 모습을 보면 한편으로 씁쓸하다.

　고기의 입장에서 생각한다면 낚시가 과연 취미생활이 될 수 있는지 싶다. 물론 낚시꾼들 중엔 그 자리에서 고기를 살려 보내는 경우도 종종 있다. 하지만 낚시 자체는 살아있는 생명을 괴롭히는 행위임에는 틀림없다.

불교에서는 살생을 엄격하게 금하고 있고 생명의 소중함을 언급한 경전들도 많다. 대표적인 경이 부처님의 전생 이야기를 모은 〈본생담(本生譚)〉이다. 그중에서 '생명의 저울'을 소개한다.

과거 부처님이 전생에서 보살로 인욕수행하고 있을 때다.

어느 날 나무 아래서 명상에 잠겨 있을 때 비둘기 한 마리가 매에게 쫓겨 보살의 품속으로 날아와 애원했다.

"보살이시여. 제발 저를 좀 구해 주세요. 지금 매가 저를 잡아먹으려고 해요."

뒤이어 매 한 마리가 보살 앞 나무 위에 나타나 배고픔을 호소하며 말했다.

"방금 비둘기가 보살님의 품속으로 들어간 것 같은데 그 비둘기를 제게 주세요. 지금 배가 무척이나 고픕니다."

보살은 단호하게 매에게 말했다.

"비둘기를 내어 줄 수 없다. 왜냐하면 보살은 중생을 보호해야 하기 때문이다."

그러자 매가 반문했다.

"그렇다면 저도 중생인데 왜 저를 보호하지 않는 겁니까? 지금 배가 고파서 죽을 지경입니다. 오늘 저녁 비둘기를 잡아먹지 않으면 저는 이 자리에서 굶어 죽고 맙니다."

보살은 매우 난처해졌다. 매의 말도 틀린 게 아니었다. 하는 수 없이 보살은 매에게 비둘기 무게만큼 살코기를 주겠다고 제안했다. 옆에는 생명의 무게를 다는 저울이 있었다.

매가 제안을 받아들이자 먼저 비둘기가 '생명의 저울'에 올라갔다. 보살은 자신의 넓적다리를 비둘기 무게만큼 베어 반대편에 올렸다. 그런데 이게 웬일일까. 무게의 추는 비둘기에게로 기울었다.

매는 보살에게 말했다.

"아직 비둘기의 무게만큼 살이 올라오지 않았군요."

보살은 다시 몸의 한 부위를 잘라서 '생명의 저울'에 올렸다. 그러나 저울은 여전히 비둘기 쪽으로 기울어 있었다. 결국 보살은 자신의 몸 전체를 올린 후에야 '생명의 저울'이 평형을 이루는 것을 보았다.

보살과 비둘기의 생명의 무게는 똑같았던 것이다. 그제야 보살은 아무리 미물이라도 생명의 무게는 똑같다는 진리를 비로소 깨달았다.

이처럼 생명은 소중하다. 직접 살생을 하거나, 남을 시켜서 하거나, 수단이나 도구를 사용해 살생을 해서도 안 된다. 살생은 반드시 나쁜 과보로 연결된다.

불살생에 대한 광범위한 해석이 불교에서는 육식을 금지하는 계율로 연결된다. 요즘 전 세계적으로 구제역이나 광우병, 조류독감 등이 많이 일어난다. 사람의 먹이로 사육되던 동물들이 사는 곳에 구제역, 조류독감 등의 전염성 질병이 발생한다. 그로 인해 죽임을 당하는 동물들의 숫자는 천문학적인 수에 이른다. 우리는 이에 대해 한 번쯤 생각해야 한다.

수년 전부터 반려동물에 대한 영가 천도재와 생명을 살려주는 방생의식을 치르는 사찰이 늘고 있다. 요즘 반려동물 가구만 해도 무려 1000만 세대에 이른다. 이쯤 되면 반려동물도 하나의 가족이다.

법정스님은 생명에 대해 이렇게 말씀하신 적이 있다.

"목숨은 어떤 수단이 될 수 없다. 그 자체가 온전한 목적이기 때문이다. 그러므로 어떠한 명분으로라도 살려고 하는 생명을 해치거나 괴롭히는 일은 악덕 중에서도 악덕이다."

생명보다 더 소중한 것은
이 세상에 없습니다.
돈도 재물도 명예도 아닙니다.
그런데 살생을 너무 쉽게 합니다.
사람의 목숨을 해치는 행위는
무간지옥에 떨어지는 행위입니다.

용서는 또 다른 자기계발의 방법

미국인이 선정한 미국의 가장 위대한 인물로 노예해방을 이룬 링컨 대통령의 '국민에 의한, 국민을 위한, 국민의 정부'라는 연설은 널리 알려져 있다. 그는 가난한 집에서 태어나 변호사가 되었고 노예제도에 반대해 나라가 남북으로 분열되었으나 통일시켰다. 임기 중에 총탄을 맞는 비운을 겪기도 했다. 대통령 재임 시절 수많은 반대론을 펴는 관료들과 갈등을 일으키면서 상대방을 설득시키려 노력했다.

때로는 좌절과 분노를 느끼면서도 너그럽게 용서하는 관용을 베풀었다. 그런 이면에는 자기만의 분노 해결법이 있었다. 자신의 지시에 불복종하는 관료들에게 "왜 반대를 하느냐, 도대체 당신의 의도는 뭐냐?" 등등 세세하게 편지를 쓴 다음 부치지 않고 갈기갈기 찢어서 휴지통에 버리면서 상대방에 대한 나쁜 감정을 추스르고 용서했다. 링컨 대통령은 이런 용서 방법을 통해 자기를 끊임없이 계발시켜 나갔다. 그는 미국을 통일시킨 대통령이 되고 난 뒤, 타고난 능력으로 의견 차이를 조율하고 더 나은 통합론을 이끌어내기 위해 평생 노력했다.

상대방을 용서하고 관용을 베푸는 일은 자기계발의 또 다른 방법이다. 상대를 용서한다는 것은 소통을 원활하게 한다는 의미이며, 갈등의 요소를 사전에 없애주고 또한 어려운 문제들을 쉽게 해결해준다.

한 신문사에서 직장인들에게 이렇게 물었던 적이 있다.

"당신은 일은 힘들지만 상사와 소통이 잘 되는 일터를 원하느냐, 아니면 일은 쉽지만 상사와 소통이 잘 안 되는 일터를 원하는가?"

뜻밖에도 열의 아홉은 일은 힘들어도 상사와 소통이 잘 되는 일터를 원한다고 답했다고 한다. 그만큼 상호 간의 소통이 중요하다. 때문에 서로 용서하고 신뢰하는 마음이 바탕이 되어야 한다.

상대를 용서한다는 것은 외형적으로는 관용을 베푸는 것 같아 보이지만 본질은 용서와 함께 자신이 가진 앙금도 함께 풀어내는 일거양득의 효과가 있다. 때문에 용서의 심리적 효과는 상당한 시너지를 발생시킨다. 상대를 용서하는 일은 결국 자신을 용서하는 일이고 서로 소통할 수 있는 돌파구를 열어주는 일이기도 하다.

세상을 살다 보면 뜻하지 않게 누군가와 원한 맺는 일이 꼭 생긴다. 하지만 '원수는 외나무다리에서 꼭 만난다'고 했던가? 그래서 '사람은 죄짓고 못 산다'고들 한다. 불교에서는 사람이 죽기 전이나 죽고 난 뒤에도 꼭 '해원(解冤)의식'을 통해 원통하고 비통했던 것을 풀어내는 재를 지내기도 한다. 원결을 풀어야만 저승 갈 때 편안하게 간다는 의미다.

인간의 육체를 구성하는 몸은 마음 작용에 의해 좌우되는 경우가 많다. 마음에 나쁜 응어리가 생기면 병이 생기기가 쉽다. 불안하면 심장이 벌렁거리게 되고 부정맥과 심부전 증세가 생기고, 혈압과 혈당도 높아져 결국 건강에 적신호가 켜지게 된다. 몸속에 화가 일어나면 결국 자기만 손해라는 말이다. 따라서 용서는 건강을 되찾게 해주는 역할도 한다.

옛말에 '누워서 침 뱉기'라는 말이 있다. 방바닥에 누워 침을 뱉으면 그 침은 도로 자신의 얼굴에 떨어진다. 이처럼 상대방을 용서하지 않고 화만 낸다면 그 피해는 고스란히 자신에게 돌아오게 된다. 상대방이 아무리 자신을 욕하고 비방을 일삼아도 자신이 대응하지 않으면 그 욕과 비방은 고스란히 상대방에게 남아 있게 된다.

그에 대한 〈잡아함경〉에 보면 다음과 같은 부처님의 재미있는 일화가 있다.

어느 날 부처님이 아침탁발을 나섰을 때, 파라트파차라는 외도가 부처님을 향해 갖은 욕을 퍼부었다. 하지만 부처님은 그의 욕에 아랑곳않고 앞만 보고 묵묵히 걸었다.

약이 바짝 오른 파라트파차는 흙을 한 주먹 손에 쥐고 부처님을 향해 뿌렸다. 그 순간 맞바람이 불어서 도로 흙먼지는 그의 얼굴에 뿌려지고 눈에 들어갔다.

이 광경을 지켜본 마을 사람들이 소리 내어 크게 웃었다.

그제야 부처님은 그를 딱하게 바라보다가 이렇게 타일렀다.

"파라트파차여, 남에게 함부로 욕하거나 모욕을 해서는 안 된다. 설령, 원한 있는 이에게도 욕을 해서는 안 된다. 청정한 몸과 마음을 지니고 있어 때가 없는 이에게 나쁜 말을 하면 오히려 그 허물은 자기 자신에게 되돌아간다. 바람을 거슬러 흙을 뿌리면 되돌아와서 자신을 더럽히는 것과 같다."

그제야 그는 자신의 잘못을 뉘우치고 참회하고 부처님께 귀의했다.

상대를 비방하고 험담하고 싶은 마음이 들어도 세 번은 생각하라. 그러면 분했던 마음도 점차 가라앉고 사라지게 되어 "아! 상대방은 그렇게 생각할 수 있겠구나"라는 생각이 들어 너그러이 용서할 수 있는 마음의 여유가 생긴다.

작은 씨앗이 큰 나무가 된다

내가 아는 어떤 부부는 결혼을 하면서 서로에게 다짐했다고 한다.

"여보. 우리 결혼해서 싸우지 말고 서로 용서합시다. 살아봤자 몇 년 살겠소. 깨가 쏟아지게 살아갈 날도 얼마 되지 않는데 서로 다툰다면 얼마나 시간 낭비가 되겠냐 이 말이오."

가끔 부부에게 이렇게 묻는다.

"아직도 한 번도 싸운 적이 없어요?"

"싸운다기보다는 서로 격한 토론을 합니다."

부부의 농담 속에는 삶의 행복한 여유가 넘친다.

어떻게 보면 세상살이는 늘 용서하고 베풀면서 살아가는 과정이다. 아귀처럼 다투고 살아가는 사람에게는 세상이 지옥일 수밖에 없다. 올바른 '용서의 기술'이야말로 세상을 살아가는 가장 현명한 지혜이다.

남을 위해 기도하는 것은

곧 나를 위하는 일이지요.

나의 기도로 인해 남이 행복해지면

인과법에 의해 복을 받게 되기 때문이지요.

우리가 행복해지려면

나도 위하고 남도 위하는

자리이타(自利利他)를 실천해야 합니다.

이 세상이 어둠속으로 자꾸 빠지는 건

오직 자신의 이익만을 아는

이기심 탓입니다.

그런 사람은

결국에는 인과가 좋지 않습니다.

입안의 도끼를 항상 조심하라

석가모니 부처님 당시 '고깔리까'라는 비구가 있었다. 그는 부처님의 상수제자인 사리불 존자와 목련 존자를 늘 비난하고 다녔다. 이런 사실을 안 부처님은 고깔리까를 만류하였지만, 얼마 후 그는 몸에 커다란 종기가 생겨 결국 죽게 된다. 부처님은 그의 죽음을 두고 다음과 같은 설법을 하였는데 바로『고깔리까경』이다.

사람은 태어날 때 입안에 도끼를 가지고 태어난다.
어리석은 사람은 나쁜 말을 하여 자기 자신을 찍기 때문이다.
비난받아야 할 일은 칭찬하고 칭찬받아야 할 일은 오히려 비난하여 입으로 불행을 스스로 만들기 때문에 행복을 얻지 못한다.

사람이 입안에 도끼를 가지고 태어난다는 말은 참으로 무섭다. 부처님이 입으로 짓는 업이 얼마나 무서우면, 날 선 도끼에 비유했겠는가? 무심코 던진 말이 씨가 되고 그 씨가 자라서 마침내 자신에게 돌아오기 때문일 것이다.

절에서도 불교경전을 염송할 때 제일 먼저 외우는 진언(眞言)이 있는데 바로 '수리수리 마하수리, 수수리 사바하'이다. 먼저 자신의 입을 깨끗하게 한 다음 부처님의 가르침을 읊으라는 깃이다.

요즘 한국에서 말로 인해 가장 많이 손해를 보는 이들은 단연 정치인들일 것이다. 대통령을 비롯해 국회의원, 장관 등은 사회적인 명망과 존경을 받아야 마땅한데도 그들은 왜 국민들로부터 존경과 신뢰를 받지 못하는 것일까? 여러 가지 요인이 있을 수 있지만, 그 중 하나가 '말(言)' 때문이다.

개개인을 놓고 보면 정말 그들은 유능하고 덕망이 높지만 이상하게도 정치판에만 뛰어들면 당리당략에 이끌려서 이상한 정치인이 되고 만다. 이것은 비단 우리나라뿐만이 아니라 다른 나라도 마찬가지로 조사되고 있다. 왜 그럴까?

법정스님은 책 『말과 침묵』에서 '침묵으로 걸러지지 않는 말은 가치가 없다'고 강조한 바 있다. 오죽하면 스님은 '침묵은 금'이라고 했겠는가? 바르지 못한 말로 세상을 어지럽힐 바에는 차라리 침묵하는 게 훨씬 낫다는 뜻일 게다. 그래서 스님은 하고 싶은 말이 있으면 반드시 세 번은 생각해 보라고 권했다. 그만큼 말을 쉽게 하지 말라는 정책이다.

요즘 사회에는 '아니면 말고 식'의 '아무말 대잔치'가 여기저기에서 난무하고 있는 것 같다. 즉 '가짜뉴스'가 범람하고 있다. 대개 이런 '가짜뉴스'는 오직 거짓말로 포장돼 있어서 상대방에게 심각한 상처를 안겨준다. 이로 인해 심각한 사회문제가 되고 있고 심지어 당사자가 견디지 못하고 정신병을 앓거나 자살을 하기도 한다. 이처럼 말은 인간관계 유지에 있어서 없어서는 안 될 매우 중요한 수단임은 분명하지만 거짓된 말로 진실이 호도되고 왜곡되는 경우가 많다.

그래서 옛날부터 입을 '화가 드나드는 문'이라고 해서 '구화문(口禍門)'이라고 했다. 고운 말은 뜻하지 않게 좋은 일을 성사시키기도 하지만 나쁜 말은 오히려 화를 일으킬 수도 있기 때문에 적절하게 자신의 입을 다스려야 한다.

얼마 전 한 고위공무원이 '국민을 개·돼지로 보면 된다'라는 말을 했다가 곤욕을 치른 적이 있다. 국민을 위해 평생 일해 온 그가 단 한 번의 말실수로 큰 오점을 남기는 데는 단 몇 초밖에 걸리지 않았다. 이 한마디로 결국 그는 패가망신하고 말았다.

절집에서도 참선수행 중에 목에 '묵언'이라는 명패를 걸고 다니면서 '말을 걸지 마세요'라는 표식을 한다. 어떤 스님은 10년 동안 묵언수행으로 인해 혀가 굳어서 발음이 어눌해 졌다. 심지어 일상적인 단어조차 종종 잊는 경우까지 있었다고 한다. 그만큼 하

작은 씨앗이 큰 나무가 된다

면 할수록 느는 것이 말이지만 사용하지 않으면 말수가 줄어든다. 그럴수록 말은 진중해야 하고 되도록 상대방에게 해야 할 말만 하는 것이 좋다.

단 몇 마디만으로도 성품이 다 보이는 것이 사람의 말이다. 진심이 묻어 있는 말은 누구나 감동을 받는다. 그래서 불교에서는 '불망어(不忘語)'를 불자들이 지켜야 할 '오계(五戒)'의 하나에 포함시켰다.

특히 부처님은 제자들에게 "거짓말을 하는 이는 남을 속인 인연 때문에 두려운 죄와 원한을 낳아 거짓말의 업력으로 생겨나는 과보로부터 몸과 마음이 떠나지 못한다"고 말씀하셨다.

거짓말을 많이 하는 사람은 거짓말이 또 다른 거짓말을 낳기 때문에 기억력에 혼란이 생겨서 나중에는 이솝우화의 '양치기 소년'처럼 진실도 거짓말이 되어버리기 쉽다. 그런 사람은 사리분별력도 떨어진다. 말을 잘못 사용했을 때는 도끼가 된다는 것을 알고 항상 언행을 조심하자.

화는 만병의 근원입니다.

화나는 일이 생기더라도

6초만 참으면

금방 사라진다고 합니다.

화를 내는 사람만 어리석어집니다.

지혜가 있는 사람은

눈앞의 현상에 끌려 다니지 않고

화도 내지 않습니다.

주관이 뚜렷해서 여기저기

끌려 다니거나

일시적인 감정에 얽매이지도 않습니다.

당신은 어떤 사람인가요.

작은 씨앗이 큰 나무가 된다

달콤한 꿈에 취해 사는 인생들

우리 각자가 살아가고 있는 모습은 어떠한가? 과연 잘살고 있는가 아니면 못살고 있는가? 삶의 잣대가 있으면 비교해 볼 것이지만 지금 살아가고 있는 인생은 처음이자 마지막 살아가고 있는 단 한 번뿐인 삶이어서 비교 대상이 없다. 그저 최선을 다해 살아갈 뿐이다. 『금강경』에는 우리 인생을 두고 한갓 꿈이고 환상이고 물거품 같다고 되어있다.

심지어 어떤 책에서는 세월의 속도는 연령에 따라 비례한다고 한다. 웃지 못할 이야기다. 20대는 20Km, 30대는 30Km, 40대는 40Km, 50대는 50Km, 60대는 60Km, 70대는 70Km, 80대는 80Km로 가는 듯하다고. 60대는 살아보지 않았지만 지금까지 살아온 인생의 속도를 돌이켜 보면 비슷한 것 같다. 지나온 세월을 돌아보면 참 빨리도 왔다는 생각이 든다. 그런 인생의 모습은 어떠했을까? 〈불설비유경〉이라는 불교경전에는 인생에 대해 적절하게 설명해 놓은 내용이 있다.

한 사람이 아주 넓고 넓은 평원을 터벅터벅 걸어가고 있었다. 불현듯 천둥 번개가 치는 소리가 들리면서 하늘에 먹구름이 가득했다. 뒤를 돌아보니 화가 잔뜩 난 커다란 코끼리가 무서운 속도로 그 사람에게 달려오고 있었다.

"어이쿠, 이게 무슨 날벼락이야?"

그 사람은 당황하여 부리나케 도망치기 시작했다. 끝없이 펼쳐진 평원에는 숨을 곳조차 없었다. 곧 그 사람은 숨이 넘어갈 듯한 갈증을 느꼈다. 어느 마을을 지났을 때쯤 멀리 우물이 하나 보였다.

"그래 저곳으로 피신해야겠어. 목도 마르니 우물에 들어가 물도 마시고, 덩치가 큰 코끼리의 공격도 피할 수 있겠어."

그 사람은 우물 속으로 몸을 숨겼다. 하늘이 도움을 준 듯 우물 안쪽으로 한 사람이 밧줄로 사용할 수 있는 등나무 넝쿨이 뻗어 있었다.

"아이고 살았구나. 이제는 살았어."

기쁜 마음으로 등나무 넝쿨을 타고 우물 속으로 몸을 숨겼다. 그런데 문제가 생겼다. 등나무 넝쿨을 타고 내려가는 중간에 아래를 보니 물은커녕 우물 바닥에는 크고 작은 뱀과 독사가 혀를

작은 씨앗이 큰 나무가 된다

날름거리고 있었다. 우물 위에는 성이 잔뜩 난 코끼리가 우물 옆을 빙빙 돌며 그 사람이 나오기만을 기다리고 있었다.

설상가상이라 했던가. 위를 쳐다보니 흰 쥐와 검은 쥐가 갑자기 등나무 넝쿨을 갉아 먹기 시작했다.

"영락없이 죽을 신세가 되었구나."

이렇게 생각한 그 사람은 모든 걸 체념하고 하늘을 쳐다보며 손을 놓아 떨어지려고 준비를 했다. 그런데 그의 입안으로 달콤한 꿀이 똑똑 떨어졌다. 등나무 넝쿨에 달린 벌집에서 떨어지는 꿀 방울이었다.

이런 모습은 합천 해인사를 비롯해 전국 사찰벽화에 다수 그려져 있다. 유명한 '안수정등(岸樹井等)' 벽화다. 여기에서 코끼리에게 쫓기는 사람은 우리의 현재 모습이다. 흰 쥐와 검은 쥐는 낮과 밤을 비유하며, 작은 뱀은 삶을 살아가며 겪는 시난고난한 괴로움이고, 독사는 죽음을 의미한다.

코끼리는 생을 마감했을 때 오는 저승사자 혹은 염라대왕을 의미하고 등나무 넝쿨은 사람의 명줄을 의미한다. 한 방울 한 방울 떨어지는 꿀은 인간이 탐착하고 있는 오욕락이다. 그 사람이 매달려 있는 우물은 우리가 사는 사바세계다.

사람으로 태어난 이상 어느 누구도 생로병사를 피해 갈 수 없음을 사실적으로 보여주고 있다. 한낱 뜬구름 같은 작은 오욕락에 취해 죽음이 바로 코앞에 와 있어도 당장의 달콤한 오욕락의 꿀을 빨아 먹고 있는 어리석은 중생의 삶을 보여주고 있는 것이다.

때를 알 수 없을 뿐 누구에게나 죽음은 반드시 찾아온다. 인간의 생로병사를 상징적으로 표현한 이 이야기는 우리에게 큰 교훈을 준다. 물론 전적으로 공감하지 않더라도 어떤 괴로움에 직면하면 이 우화를 수긍할 수밖에 없다.

구한말 용성스님은 대중들에게 "만약, 그대들이 이런 상황에 처하면 어떻게 하겠는가?"라는 질문을 던졌다. 그러나 단 한 명도 속 시원한 답을 하지 않았다고 한다.

그 후 용성스님의 이 같은 질문을 두고 근·현대 선지식이었던 전강스님은 "달다"라고 말해 많은 칭찬을 받았다. 당신은 이런 질문에 어떤 답을 하고 싶은가?

모든 다툼으로부터 벗어나려면

먼저 자기 자신을

제대로 알고 있어야 합니다.

자신이 누구인지도 모르는 사람이

어찌 상대방의 마음을

알 수 있을까요?

먼저 자신을 알고 난 후

상대방을 이해시켜야 합니다.

이것이 세상을 살아가는 이치입니다.

불타고 있는 '욕망의 집'에서 탈출하자

인간의 욕망은 끝이 없다. 뭔가를 구하면 또 다른 뭔가를 원한다. 힘든 노동이나 운동 후의 탄산수가 갈증을 완전히 해소해주지 않는 것처럼 더욱더 뭔가를 계속 갈구하는 게 인간의 욕망이다.

이 욕망의 늪에서 벗어나기 위해서는 욕망을 해소하는 게 아니라 그것이 헛된 욕망임을 깨달아야 한다. 아무리 채워도 채워지지 않는 밑 빠진 독과 같은 것이 욕망이기 때문이다.

불교경전 『법화경』 〈비유품〉에는 욕망에 사로잡힌 중생들을 구하기 위해 부처님이 지혜를 발휘한 '불난 집'의 비유인 '삼계화택(三界火宅)'이 나온다.

부처님 시대에 부유한 장자가 있었다. 그는 나이가 많았다. 젊은 시절부터 열심히 일을 해 재물과 전답, 가옥, 하인들을 많이 거느렸다. 자식들도 많이 낳아 매우 다복하고 부유하게 살고 있었다. 그런데 이상한 점은 대궐 같은 집이었지만 낡아 있었고 밖으로 나가는 대문은 단 하나뿐이었다. 벽과 담과 기둥과 대들보도 썩어서 금방 무너져 내릴 것만 같았으며 위태로웠다.

어느 날 갑자기 이곳에 불이 났다. 장자는 어떻게 할지 몰라 크게 당황했다. 그는 재빨리 피신을 할 수 있었지만 집 안에는 많은 자식들이 남아 있었다.

"큰일이구나. 재물은 다 타 버려도 좋은데 불 속에서 노는 아이들은 꼭 구해야 한다?"

엎친 데 덮친다고 했던가? 자식들은 재미있는 장난감에 빠져서 불난 줄도 모르고 노는 것에만 몰두해 있었다. 장자는 걱정했다.

'저 아이들은 놀이에 빠져 있어 불이 났다고 고함을 쳐도 믿지 않을 것이다. 오히려 나를 비웃을 것이 틀림없어. 내가 진실을 이야기해도 듣지 않을 저 아이들을 구출할 방법은 없는 것일까?'

장자의 집은 점점 불구덩이가 되어 가고 있었다. 장자는 아무리 궁리를 해도 아이들을 살릴 방법이 도무지 생각나지 않아 발만 동동 구르고 있었다. 그러던 한순간 아이들을 살릴 묘안이 번쩍 떠올랐다. 장자는 아이들에게 소리쳤다.

"애들아, 노는 게 재미있는 모양이구나. 방금 시장에 가서 너희들이 지금 가지고 노는 장난감보다 훨씬 더 재미있는 장난감

을 사 왔단다. 모두 너희들에게 주려고 사 온 것이니까 이쪽으로
빨리 나오너라."

장자의 말에 아이들은 귀를 쫑긋 세웠다.

"뭐라구요? 아버지께서 지금 갖고 노는 장난감보다 더 재미있
는 걸 사오셨다구요? 지금도 너무너무 재미있게 놀고 있는데 그
런 장난감이 있다는 게 믿어지지 않아요. 더 자세히 말씀해 보세
요."

"그래그래, 내가 방금 사 왔다. 그러니 너희들 중 가장 빨리 대
문 밖을 나오는 순서대로 아주 크고 재미있는 장난감을 선물로
주마. 이 아빠는 시장에 가서 양이 끄는 수레와 사슴이 끄는 수
레와 소가 끄는 수레에 장난감을 가득 싣고 왔단다."

장자가 장난감을 구체적으로 이야기를 하자 아이들은 그제야
대문 밖을 달려 나왔다. 장자는 비로소 안도의 한숨을 내 쉬었
다. 아이들이 다 나오자 집은 곧바로 화염에 휩싸이며 순식간에
무너져 형체가 사라져 버렸다.

장자는 약속한 대로 시장으로 달려가 아이들이 갖고 싶어하는
장난감을 사서 수레에 가득 싣고 돌아왔다.

장자는 부처님을 비유한 인물이다. 부처님의 지혜로 중생계에
고통받는 뭇 중생들을 제도한다는 뜻을 담고 있다. '불난 집의 비
유'는 우리가 부대끼며 살고 있는 중생계의 현상을 '불난 집'이라

는 극단적 한계상황을 정해 놓고 그 극한을 벗어나기 위해 지혜를 발휘하는 부처님의 모습을 묘사한 것이다.

정말 부처님이 설법한 대로 우리가 사는 세상은 영락없이 '불난 집'과 같다. 요즘 언론에 보도되고 있는 다양한 사건들을 보면 이 세상은 '불난 세상'이다. 멀쩡하게 날아가던 비행기가 이륙한 지 10분도 안 되어 추락해 탑승객 모두가 목숨을 잃기도 한다.

그뿐 아니다. 우리나라 젊은 연예인들의 끝없는 일탈과 도덕성의 추락은 더욱 마음을 안타깝게 한다. 세상에 웃음을 주고, 위안을 줘야 할 그들이 타락하는 모습을 어디까지 두고 봐야 하는가? 이런 '불난 세상'을 평온하게 하기 위해서는 기본에 충실하고 도덕적인 윤리성을 회복해야 한다.

성공을 위해서라면 수단과 방법을 가리지 않고 살아온 젊은 세대들을 제대로 돌보지 않은 기성세대의 잘못을 우리는 지적하지 않을 수 없다. 젊은이들의 일탈은 기성세대가 그들을 잘못 키웠기 때문이다. 깊이 참회하고 마음을 다잡아야 한다.

진정으로 부유한 사람은

삶 속에 시가 있고,

삶 속에 침묵이 있고,

삶 속에 뿌리가 있고

삶 속에 축제가 있고

마음의 정원에 꽃이 만발한 사람이다.

- 라즈니쉬

부처님마을은
인공지능 시대의 공동수행체

서울 평창동에 자리한 부처님마을은 카르마(Karma, 業)를 관찰하는 수행을 통해 마음을 행복하게 하는 방법을 함께 수행하는 절이다. 카르마 관찰을 100일 동안 탁마해 지혜에 근거한 지식의 수준을 높이기 위해 정진하는 도량이다.

40여 년 전만 해도 우리나라는 정이 냇물처럼 흐르는 사회였다. 하지만 오늘날은 디지털과 정보화의 폭주로 인해 함께하는 시간보다 혼자 지내는 시간이 훨씬 더 많아졌다. 굳이 누군가를 만나지 않아도 컴퓨터나 스마트폰을 통해 정보를 흡수하는 삶에 더 익숙해진 탓이다. 이로 인해 많은 사람들이 마음의 병은 물론, 심각한 정신질환을 앓고 있다. 그런데도 마음의 치유를 위해 교회나 절을 찾는 인구는 갈수록 줄어들고 있다.

작은 씨앗이 큰 나무가 된다

왜 그럴까? 종교는 인간이 앓고 있는 마음의 갈등을 치유하기 위해서 생겨난 것이다. 그러나 이미 이러한 종교의 역할은 점점 산업화 과정에서 밀려나 설 자리를 잃고 있다. 현대인들은 불필요한 일에 에너지를 낭비하려 하지 않는다. 문명의 발전과 함께 인간의 뇌도 진화되어서 직접적인 큰 효과가 바로 나타나지 않으면 아예 거들떠보지도 않는다. 굳이 시간과 돈을 투자하면서 신앙생활을 하지 않는 시대이다. 때문에 불교인들이 나서서 마음의 병을 치유해 주는 진정한 멘토로 거듭나야 할 필요성을 느낀다.

지금까지의 불교는 현실에서의 불만족과 고통으로 인해 마음의 병을 앓는 신도들에게 적절한 치유의 방법을 알려주지 못했다. 보다 알기 쉽게 이해되도록 설명해줄 수 있는 방법론을 생각해내지도 못했다.

그저 '집착을 내려놓아라, 나를 내려놓아라'라는 말만 했지, 정작 '어떻게' 해야 하는지는 설명해 주지 않았다. 경전과 조사어록, 또 자신의 체험담을 엮어 자세하게 설명한 예가 없는 것은 아니지만 대개의 경우 평범한 불자들에게는 뜬구름 잡는 이야기에 불과해 실제 생활에서는 별 도움이 되지 못했던 것이다.

물론 그렇지 않은 사찰, 그렇지 않은 스님들도 많이 계시지만 큰 불자들도 바른 안목을 갖고 종교 생활에 임해야 한다. 다만 경전이나 읽게 하고, 절을 시키고, 불전공양이라는 명목 아래 돈과 쌀을 바치게 하면서도 깨달음은 스스로 알아서 구해야 하는 종교 생활. 이것이 현재의 일반적인 불교신행의 모습이다. 참으로 안타까운 일이 아닌가?

부처님마을이 기존의 불교방식을 완전히 타파하고, 인공지능 시대에 맞는 불교 수행법을 전파하는 이유도 바로 여기에 있다. 지금까지 내가 수행하면서 느낀 것이지만, 스님을 비롯한 불교계의 지도자 그 누구도 불자들에게 비물질에 대한 정확한 가르침을 주는 분은 없었다.

오히려 보이는 것, 물질적인 것에 맹목적으로 추종하는 모습만을 보여주었다. 그러다 보니 잘 모르는 대중들까지도, '남들이 다 그렇게 하니, 나도 그래야겠지' 하는 단순한 생각을 갖게 되어 무작정 그 잘못된 모습을 따라하게 되었다.

이러한 맹목적인 신앙은 지금 이 시간에도 횡행하고 있다. 21세기, 인공지능까지 생겨나는 첨단시대에서 비는 것만으로 소원을 이룰 수 있다는 믿음. 그 순수한 마음 자체는 너무도 아름답지만 그 마음을 이용하는 사람들이 또한 너무 많아서 안타깝다.

21세기 디지털시대에서는 비손 행위만으로는 도저히 마음의 행복을 찾을 수는 없다. 오늘날의 첨단시대에는 인공지능 시대에 어울리는 또 다른 불공과 수행법이 필요하다. 이 수행법이 바로 카르마 관찰이고, 21초 몰입법이다.

부처님마을은 누가 오라고 하지 않는다. 그저 스스로 찾아와 스스로 수행하고 스스로 깨우치는 도량이다. 부처님도 80년 동안 세상에서 중생들을 제도하고 열반에 드시면서 "자신을 등불 삼고, 진리를 등불 삼으라"고 하셨다.

비단 이 가르침은 불자들에게만 적용되는 게 아니다. 세상의 진리는 모든 종교를 초월한 것으로 어느 종교에서나 객관적으로 존재한다. 진리는 그 자체로도 존재한다.

부처님마을에서는 스스로 찾아오는 이들에게 1:1 개인상담도 해준다. 마음의 상처를 정확하게 짚어주고 잘못된 습관이 있으면 하나하나 찾아내 바로 잡아주기 위해 노력한다. 문제에 대한 근본 원인을 찾아 치유하기 위해서이다. 부처님마을은 자신뿐만 아니라 찾아오는 이웃과 주변 사람들까지 치유될 수 있도록 도와 모두가 행복한 세상을 만들어 가기 위해 정진하는 큰 도량이 되고자 한다.

부처님마을 행복 수행청규

1. 카르마(업) 관찰을 통해 나와 다른 사람들의 카르마가 어떻게 다른지를 분석한다.
2. 실상법인 카르마 관찰을 통해 도반들끼리 잘못된 모순과 성질을 뺀다.
3. 카르마 관찰을 수행하면서 가장 힘들 때의 생각과 감정이 어떻게 나오는지 관찰한다.
4. 항상 깨어 있는지 확인한다.
5. 항상 입꼬리를 올리고 "감사합니다. 나는 행복합니다"를 염불하듯 염송한다.

작은 씨앗이 큰 나무가 된다

지은이 **보현**

고등학교 시절 '이경미'라는 예명으로 가수활동을 시작, 1980년대 초반 10대 가수상, MC, 인기모델 등 최고의 스타 반열에 올랐다. 그러나 인기 절정이었던 1986년 돌연 방송 프로그램을 펑크 내고, 지리산의 한 암자로 홀연히 잠적했다. 그 후 궁정동의 쓰라린 기억 등 화려한 연예계 생활 뒤에 가려진 허무와 번뇌 등을 뒤로하고 출가, 연예계 최초의 비구니가 되었다. 2004년 몽각산 기슭에 있던 폐교를 '부처님마을'로 새롭게 단장하고 불우한 아이들을 돌보기 시작했다. 지금은 서울 북한산 아래에 포교당 '부처님마을'을 설립하고 날마다 불교TV, 유튜브, 페이스북 등을 통해 '힐링멘토'로서 활발히 활동하고 있다.

『삶이 내게 묻는 것들』은 출가 당시의 아픔을 회고하고 인생에 대한 고뇌를 차분하게 그리고 있다. 특히 인생의 목적을 찾지 못하고 방황하는 현대인들에게 올바른 길을 안내하고 나아가 행복 에너지를 구하는 방법을 제시하고 있다.

삶이 내게 묻는 것들

2019년 9월 25일 초판 1쇄 발행

지은이 · 보현
펴낸이 · 김상현, 최세현 | 경영고문 · 박시형
편집인 · 정법안

디자인 · 김지현
마케팅 · 권금숙, 양봉호, 임지윤, 최의범, 조히라, 유미정
경영지원 · 김현우, 강신우 | 해외기획 · 우정민, 배혜림 | 디지털 콘텐츠 · 김명래
펴낸곳 · ㈜쌤앤파커스 | 출판신고 · 2006년 9월 25일 제313-2006-000210호
주소 · 서울시 마포구 월드컵북로 396 누리꿈스퀘어 비즈니스타워 18층
전화 · 02-6712-9800 | 팩스 · 02-6712-9810 | 이메일 · info@smpk.kr

쌤앤파커스(Sam&parkers)는 독자 여러분의 책에 관한 아이디어와 원고 투고를 설레는 마음으로 기다리고 있습니
다. 책으로 엮기를 원하는 아이디어가 있으신 분은 이메일 book@smpk.kr로 간단한 개요와 취지, 연락처 등을 보내
주세요. 머뭇거리지 말고 문을 두드리세요. 길이 열립니다.